쪽팔린 만큼 성장한다

쪽팔린 만큼 성장한다

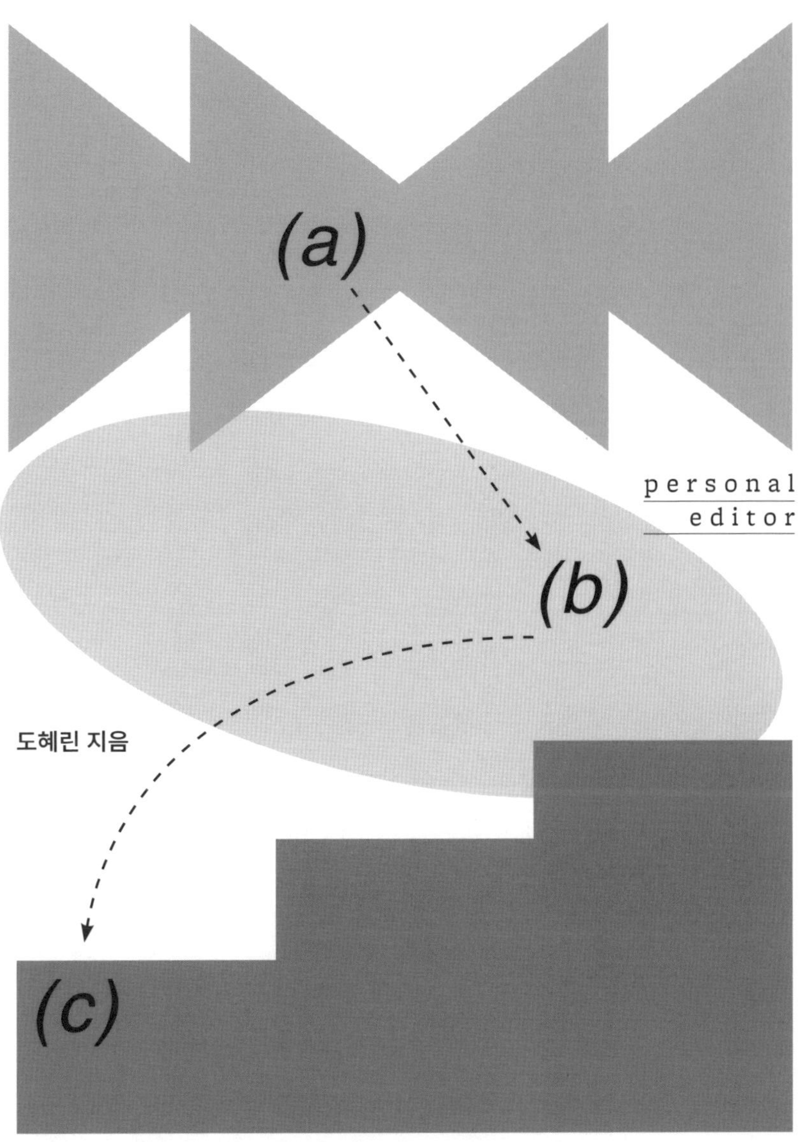

쪽팔린 순간, 우리는 선택의 기로에 선다

수영을 배우기 시작했다. 여행지에서의 수영은 오랜 로망이었다. 십수 년을 마음속에만 품고 있던 어느 여름, 충동적으로 강습 등록을 했고 그때부터 나는 완전히 수영에 미친 자가 되어버렸다.

강습 첫날, 해병대 캠프 같은 지옥의 발차기 훈련을 받은 나는 사지 육신이 완전히 털린 채 넋이라도 있고 없고…. 한 달이 넘도록 수영장 옆 스타벅스에서 기력을 겨우 회복한 후에야 집까지 당도할 수 있었다. 그곳은 분명 키즈 수영장이었으나 태릉 선수촌 같은 빡센 훈련량을 자랑했다. 아직 물에도 안 뜨는 생초짜 신입 회원들은 실미도 부대원처럼 구르며 내가 혹시 올림픽 특훈반에 들어온 건가 어안이 벙벙했다.

혹독한 훈련 속에서도 성실하고 끈질긴 자가 있었으니, 바로 나였다. 단 한 번의 결석 없이 개근한 것은 물론, 가장 먼저 출석하고 가장 늦게까지 남아 강습 전후로 30분씩 연습에 매진했다. 그러나 신은 나에게 열정만 주고 재능은 주지 않았다. 그것이 인생의 비극이었다. 최선을 다하나 발전이 없다는 것. 그럴수록 나는 더욱 맹렬히 연습에 매달렸다.

어느 날 교관, 아니 강사는 1등 훈련생이라 자부하는 나에게 이렇게 말한다.

"오늘부터 연습하지 마세요."

이 무슨 황당한 소리인가. 네?? 라고 되묻는 내게 돌아온 대답.

"나쁜 자세로 계속 연습하니까 그 자세가 더 굳어지잖아요. 이제 혼자 연습하지 마세요."

인생은 때로 간절한 자에게 더 냉혹하다. 열심히 한 것이 잘못이라니. 너무 쪽팔렸다. 서러움과 수치심, 자괴감이 몰려왔다. 집에 가는 길에 혼자 훌쩍였던 것도 같다.

나의 고질적인 문제는 호흡할 때 고개를 너무 쳐든다는 거였다. 그럴수록 상체에 힘이 들어가서 하체는 더 가라앉고 몸통의 수평이 무너져 숨 쉬기가 더 힘들어진다. 그땐 그런 원리를 몰랐다. 당장 물에 빠져 죽을 것 같으니까 최대한 물 밖으로 입을 꺼내려고 용을 쓸 뿐이었다.

방법이 잘못되면 노력은 소용없다. 애초 방향 설정이 틀린 노력은 상황을 되려 악화시킨다. 그러나 열정에 매몰된 그때는 모른다. 그리고 그 과정에서 많은 이들이 중도 이탈을 한다. 나와 함께 시작한 대부분의 수강생들이 수영을 그만둔 것처럼.

시행착오는 필연적이다. 모든 일이 그렇다. 신입, 초짜, 모든 분야의 초보자들은 시행착오를 거칠 수밖에 없다. 성장과 발전에 이르기까지 좌충우돌 과정에서 반드시 수반되는 '쪽팔림'은 초심자의 통과의례다. 그걸 견뎌야 한다. 그 시간을 버텨야 한다.

열정과 의욕이 클수록 더 큰 쪽팔림을 감수해야 한다. 더 잘하고 싶을수록 실수와 오류는 잦을 것이고, 그것이 데이터베이스가 될 것이다. 나의 직접 경험은 몸으로 체득될 것이다. 여기엔 지름길도, 요령도 없다.

작년 봄, 투고가 들어왔다. 제일기획의 아트디렉터라는 자기소개가 눈길을 끌었다. 명실 상부 우리나라 최고의 광고회사라 할 수 있는 제일기획은 한때 나의 선망이기도 했다.

원고는 신입사원의 성장에 대한 이야기였다. 입사 3년 차지만 여전히 서툴고 미숙한 시행착오에 대한 이야기. 마음이 앞서고 열정이 과해서 자주 삐끗하는, 뜨겁고 풋풋한 그런 이야기. 의욕은 넘치지만 아직 실력은 부족한, 일을 더 잘하고 싶어서 일단은 그저 열심히 할 수밖에 없는 고군분투의 간절함이 가득했다. 원고를 읽는 내내, 이상과 현실 사이에서 헛발질하던 나의 신입 시절이 자주 겹쳐 보였다.

미디어에서 흔히 그려지는 '요즘 MZ'들은 칼퇴만 기다리고, 잡무는 거절하고, 손해 보는 일은 조금도 하지 않으려고 한다는데. 일에 대한 욕심, 성장에 대한 욕구로 가득한 저자의 글은 오히려 신선했다.

생각해보면 당연한 일이다. 기성 세대에겐 젊은 세대가 늘 철딱서니 없어 보이나, 세대를 막론하고 개미와 베짱이는 있는 법이니까. MZ라고 해서 일잘러에 대한 동경과 열망이 없다고 단정하는 건 너무 편협하고 안일한 편견일 것이다.

투고 원고는 완성도 면에서 한참 부족했던 것이 사실이다. 단 하나의 가능성은 솔직함이었다. 고등학교 때부터 일찌감치 진로를 정하고 오랫동안 준비해온 도혜린 저자는 자신의 부족함을 감추려 하지 않았다. 열정에 미치지 못하는 능력을 고백한다는 것은 용기가 필요한 일이다. 더군다나 무언가를 좋아할수록, 잘하고 싶을수록 그것을 솔직히 드러내기란 더더욱 쉽지 않다.

투고를 검토한 나는 작은 가능성에 기대어 저자에게 제안했다. 원고를 대대적으로 수정해보자고. 그렇게 전체 원고를 모두 고친 후에 계약 여부를 판단해보겠다고. 저자는 이렇게 회신을 보내왔다.

'글을 쓰며 느껴왔던 막연한 아쉬움이 딱 짚인 느낌이었습니다. 어렴풋하게만 느껴지던 부족한 점들을 명쾌하게 정리해주서서 괜히 속을 들킨 것처럼 민망하면서도 감사한 마음이 들었어요. 무엇보다 원고 수정에 대한 제안은 전적으로 공감하고 있습니다. 오히려 스스로를 한번 더 챌린지할 수 있는 좋은 기회라고 생각해요.'

원고의 부족한 점들을 구체적으로 지적한 나의 피드백을

받고 저자는 얼굴이 뜨거워졌을 것이다. 그럼에도 그걸 챌린지로 받아들였다는 점이 나는 고맙고 또 대단하게 느껴졌다. 저자의 그런 태도는 자기 일을 대하는 태도와도 일맥상통하리라 짐작한다.

그 후로 우리는 세세한 메일을 주고받으며 한 꼭지씩 원고를 새로 써나갔다. 신입사원의 뜨겁고도 풋풋한 시행착오를 담아낸 그 원고들을 읽으며 나는 애정을 담아 한 편 한 편 정성스레 피드백을 보냈다. 그것은 마치 그 시절을 거쳐온 나에게, 신입 시절의 나에게 보내는 편지 같기도 했다.

원고 수정 가이드를 받은 저자가 새로 쓴 원고를 보내올 때마다 나는 놀랐다. 몇 마디 피드백으로 글이 이렇게 달라질 수가 있나? 혹시 그동안 실력을 숨기고 있다가 짜잔 하고 능력 발휘를 하는 게 아닌가 싶을 만큼 스토리텔링도, 인사이트도 눈에 띄게 일취월장했다. 그동안 혼자 글을 쓰면서 굳어진 안 좋은 문장 습관들도 사라졌다. 자기 고집을 부리지 않고, 편집자의 피드백을 완전히 신뢰해준 덕분이다.

그렇게 전체 원고를 탈고한 후, 맨 처음 투고했던 원고와 나란히 비교해본 저자는 스스로도 놀라워했다. 80% 이상 달라진 원고는 같은 사람이 썼다고 보기 힘들 정도였다. 편집자 가이드를 온전히 흡수한 저자는 이제 혼자서도 손색없는 글을 쓸 수 있게 됐다. 그 점이 나는 편집자로서 가장 뿌듯하고 보람 있다. 그날, 나의 메일을 받은 저자가 쪽팔림을 무릅쓰고 기꺼이 원고를 뜯어고치겠다고 용기 내준 덕분이라고 생각한다.

수영장의 열등생은 이제 물 타는 맛을 제법 알게 됐다. 호흡할 때 목을 길게 빼던 습관을 고치고, 입이 절반쯤 물에 잠긴 채 숨 쉬는 법도 터득했다. 호랑이 교관의 연습 금지령이 떨어진 그날, 다른 수강생들 앞에서 망신을 당한 그 순간은 내 인생의 중대한 갈림길이었다. 부아가 치밀고 서럽기도 했지만 그래도 때려치겠다는 선택지는 없었다. 오기가 났던 것도 같다.

'사람이 성장하려면 망신을 당해봐야 한다'는 말을 어디선가 들은 후로, 내 부족함 앞에서 도망 가고 싶을 때마다 '그래, 망신 한번 당해보자'는 마음을 차라리 먹게 됐다. 그런 각오는 오히려 위안이 됐다.

나이를 먹고 연차가 쌓여도 쪽팔린 순간들은 인생의 퀘스트처럼 찾아온다. 회피하는 건 가장 쉽고 빠른 방법이지만 우리는 알고 있다. 쪽팔린 만큼 분명히 성장한다는 것을.

기획자 남연정

이 쪽팔림이 쌓여 프로가 되겠지

제일기획에 입사하고 가장 어색했던 것은 바로 '프로'라는 호칭이었다. 우리 회사에서는 직급에 상관없이 모두 평등하게 '○○ 프로'라고 부른다. 이전에 인턴을 했던 두 회사에서는 '대리님' '차장님' 같은 직급이나 '○○ 아트님' '○○ 카피님' 같은 직함으로 불렀으니, 그에 비해 거창하게 들리는 '프로님'이라는 호칭은 쉽사리 익숙해지지 않았다.

내가 선배님들을 부를 때는 그럭저럭 견딜 만했지만, 내가 그렇게 불릴 때면 정말 괴상한 기분이 들었다. 이제 막 인턴 딱지를 뗀 어리바리 신입에게 프로라니! 겉으론 아무렇지 않은 척했지만 속으로는 오글거리는 거부감에 내적 몸서리를 쳤다. 무슨 골프 선수냐며 조롱하던 친구에게, 차라리 '혜린 아마(추어)'라고 불리는 편이 낫겠다며 하소연하기도 했다. 분수에도 안 맞는 이놈의 호칭 때문에 나의 신입 시절은 유난히 더 고통스러웠다. 왜 하필 '프로'라는 호칭을 써서 이런 부담감을 주는 건지. 프로페셔널은커녕 무능하기만 한 내 실력에 자책을 반복했다.

신입사원 때는 무슨 엄청난 사고를 쳐서 쪽팔린 게 아니다. 이불킥할 크고 작은 일들이 하루에도 몇 번씩 일어난다. 뭘 몰라서. 반대로, 잘 안다고 착각해서. 그럼에도 불구하고 잘해보고 싶어서…. 그러니 머쓱하고 민망한 일이 하루 한두 번쯤은 일어난다고 생각해야 마음 편하다.

사내 시스템에 아직 익숙지 않아 혼자 회의실 하나 제대로 예약하지 못한다. 대신 해주는 선배 옆에서 그저 멀뚱히 손만 꼼지락거릴 뿐. 회의 시간에 의견 하나 보태고 싶어서 10분은 고민하다 피드백 한마디를 꺼내본다. 그러나 되돌아오는 건 '지금 단계에서 신경 쓸 부분은 아닌 것 같다'는 말.

너무도 사소한 것들이라 다 기억하기도 어려울 만큼 신입사원 시절은 이런 일들의 연속이다. 그 순간의 머쓱함과 당황스러움, 무력감과 허탈감…. 그래도 애써 아무렇지 않은 척 연기하는 내 작위적인 모습까지 더해져 수치스러움은 배가 된다.

어느새 입사 4년 차. 평생 익숙해지지 않을 것 같던 '프로'라는 호칭이 조금씩 자연스러워지듯 낯설고 막막하던 업무에도 차차 적응하고 나름의 요령을 익혀나가는 때가, 마음의 생채기에도 조금씩 무뎌지는 시기가 온다. 어느 한순간 득도하듯 기가 막히게 프로페셔널해지지는 않지만, 조금씩 나아지는 게 서서히 느껴지는 때가 분명히 온다.

내가 신입 때 잠깐 같이 일하다가 휴직에 들어간 선배님이 계셨다. 전화 받는 법조차 모르던 그때, 날것의 시기를 지켜본 선배님은 복직 후 새로운 캠페인에서 다시 만난 내게 이렇게 말했다.

"그 사이에 또 성장을 했구만."

그때 난 깨달았다. 그동안의 쪽팔림은 맷집을 키우는 과정이었다는 걸. 나를 조금이나마 프로답게 만든 것은 아이러니하게도, 그 모든 시행착오에서 비롯되었다. 아마추어 같은 나 자신에게서 벗어나기 위해 발버둥쳤던 그 시간들이 켜켜

이 쌓여 나를 성장시키고 있었다. '프로'라는 호칭은 어쩌면 회사의 큰 그림이자 은밀한 가스라이팅일지도 모르겠다.

흑역사 하나 없는 신입사원은 없다. 만약 누군가 '나는 실수 없이 순탄하게 컸다'고 말한다면, 그 사람은 자존심만 세우는 사기꾼일 확률이 높다. 백번 양보해 진짜라고 한들, 쪽 한번 제대로 당해본 썰 하나 없는 건 또 멋이 안 산다. 조폭들이 옷을 걷어 올리고 흉터를 자랑하듯 신입들끼리 '누가 누가 더 모자랐는지'를 견주는 데서 오는, 촌스럽고도 묘한 희열이 있다. 그 모든 게 다 자산이고 경험이니까. 설사 다시 과거로 돌아간다고 해도 그 수많은 시행착오와 좌충우돌을 피해갈 자신이 없다.

일을 더 잘하고 싶다면 신입사원이 할 수 있는 방법은 단 하나뿐이다. '아몰루' 하고 넘길 수 있는 약간의 뻔뻔함을 장착한 채로 그저 최선을 다하는 것. 의기소침해 있지 말고, 그렇게 또 넘어지고 일어날 준비를 동시에 하는 것이다. 실수와 잘못이 허락되는 유일한 시기라는 사실, 그것만 잊지 않으면 된다.

차례

1 마음의 속도가 앞서나갈 때 — 이상과 현실의 엇박자

2 그렇게 프로가 된다 — 지속 가능한 열정을 위해

3 사람보다 일, 일보다 사람 — 관계 속에서 완성되는 일

1
마음의 속도가 앞서나갈 때
— 이상과 현실의 엇박자

나는 무슨 일을 하는 사람인가

대학교 3학년 1학기를 마치고 첫 인턴십을 시작한 무렵이었다. 오랜만에 학과 동기와 강남역에서 만난 날, 길을 걷다 마주친 전광판에 우리 팀에서 만든 광고가 떡하니 나오고 있었다. 인턴으로 들어간 첫 회사에서 처음으로 참여한 프로젝트였다. 그걸 길에서 이렇게 우연히 마주치다니! 나는 흥분되는 마음으로, 거대하게 존재감을 뽐내는 전광판을 가리키며 자랑하듯 말했다.

"저거 우리 팀에서 만든 광고다?"

"올~ 도혜린!"

친구는 전광판과 나를 번갈아 보며 호들갑을 떨었다. 그러고선 열심히 사진을 찍어대더니 내게 물었다.

"와 대박! 그럼 저거 네가 찍은 거야?"

"아, 아니. 촬영은 감독님이랑 촬영팀이 했지."

"그럼 저기 나오는 CG? 자막 디자인 했어? 영상 편집은 너희가 해?"

"아니… 그건 편집실이랑 후반 프로덕션에서 하고…."

어라, 이게 아닌데.

이야기가 뭔가 이상하게 흘러가기 시작했다. 자랑하려 꺼냈다가 계속 변명만 하는 느낌이었다. 계속되는 질문에 내 목소리는 점점 기어 들어갔다.

"그럼 너는 회사에서 뭐 하는 거임? 아이디어만 내는 거야?"

허 참! 아이디어'만' 내는 거냐고? 순수악 같은 친구의 질문에 속이 타 들어갔다. 억울함이 울컥 치밀어 올랐지만, 뭐라 똑 부러지게 반박해야 할지 몰라 장황하게 얼버무렸다.

"아냐, 촬영장도 따라가고 편집실도 가서 보고… 이거저거 다 해. 야근 엄청 한다고!"

'촬영은 감독이 하는데 촬영장은 또 따라간다고?'

친구는 분명 그렇게 생각했으리라. 허둥대는 나를 보며 친구는 여전히 의문이 다 풀리지 않은 표정으로 대충 맞장구를 쳐주었다. 내 억울함은 여전히 풀리지 않았지만 더 따지고 들 수도 없었다. 내가 봐도, 나름 대기업 인턴까지 하고 있는 사람의 입에서 나온 대답 치고는 너무도 초라했기 때문이다. 강남역 한복판에서 멋지게 흘러나오고 있는 우리 팀의 광고 앞에서, 나는 화끈거리는 얼굴을 감추려 고개를 내리깔고 말았다.

이날 이후로 남들에게 내가 만든 광고들을 쉽게 자랑할 수 없었다. '이 광고 내가 만들었어요!'라고 당당하게 외치기엔, 나조차도 내가 기여한 게 무엇인지 확신이 들지 않았기 때문이다.

비단 그 친구뿐만 아니라 이런 질문을 하는 학과 동기들이 꽤 많았다. 아트디렉터가 정확히 무슨 일을 하는 거냐고. 디자인과에서 배우는 것들과는 다른 일이냐고. 아무래도 '아트디렉터'라는 이름이 '디자이너'에 비해 직관적이지 않다 보니, 광고인이 아닌 이들에게는 낯설게 들릴 수밖에 없다.

그리고 난 그 질문 앞에서 늘 말문이 막혔다. 광고를 만든다는 뭉뚱그린 대답만으론 그들의 궁금증을 명쾌히 해소시키는 데 턱없이 부족했기에, 그저 매번 버벅대며 수많은 업무들을 줄줄이 나열해댈 수밖에 없었다.

"음… 일단 OT*를 받고 아이디어를 내. 그리고 콘티는 콘티 작가님들이 그리긴 하는데 우리가 콘티 발주를 주지. 아 요즘은 AI가 그려주기도 해. 촬영은 감독이랑 촬영팀이 하는데 우리도 촬영장에서 같이 모니터링해. 그리고 편집본을 보면서 광고주 요청에 따라 프로덕션에 수정시키고 디벨롭 하고… 온에어 되기 전까지 모든 과정을 다 같이 한다고 보면 돼!"

그러나 아무리 이렇게 구구절절 늘어놓아 봤자 친구들의 본질적인 의문은 그대로였다.

'엄청 많은 일을 하는 건 알겠는데… 그래서 궁극적으로 아트디렉터가 하는 일, 아트디렉터가 필요한 이유가 뭐야?'

사실 그것은 나 스스로에게 던져야 하는 질문이기도 했다. 내가 아트디렉터가 되어야 하는 이유가 뭔지, 왜 굳이 이 일

• OT(orientation): 캠페인의 개요와 방향, 일정 등을 공유하는 프로젝트 첫 미팅.

이어야만 하는지. 그 질문에 대한 답을 스스로 찾아내야만 했으니까.

도대체 뭐라 설명해야 이 일을 깔끔하게 정의할 수 있을까? 참으로 우습고 부끄러운 일이었다. 자신의 업에 대해 똑부러지게 정의 하나 못하는 꼴이라니. 제대로 된 광고 수업조차 없던 학과에서 꿋꿋하게 한 우물만 팠다고 자부했지만 어쩌면 내 열정은 고작 껍데기뿐인 고집이었던 건 아닐까. 스스로에게 점점 자신이 없어졌다. 심지어 억울한 마음까지 들었다. 분명 죽어라 일을 하긴 하는데, 어쨌든 광고를 만들기는 하는데 말이다.

나는 지난 7년을 디자이너로 살아왔다. 특성화 고등학교 때부터 디자인을 전공해 나름 잔뼈 굵게 걸어온 길이었다. 그러니 광고가 하고 싶다고 해서 디자이너라는 타이틀을 쉽게 버릴 수는 없는 노릇이었다. 아트디렉터냐, 디자이너냐. 이 둘 사이를 대학 생활 내내 갈팡질팡했다.

그러다 4학년 여름방학, 마지막 회사에서의 인턴 생활을 마무리하고 난 후 나는 비장한 마음으로 포트폴리오를 열었다. 그리고 그동안 차마 버리지 못했던 표지 속 '디자이너'라는 단어를 깔끔하게 지우고 '아트디렉터'로 고쳐 썼다.

　세 군데 회사에서 10개월간 인턴으로 일하는 동안 몸으로 부딪쳐봐야만 알 수 있는 것들을 배웠다. 한 달 남짓 머물렀던 첫 회사에서는 광고대행사가 어떻게 굴러가는지를 배웠고, 8개월을 일했던 두 번째 회사에서는 아트디렉터에게 어떤 역량이 필요한지를 배웠다. 그리고 세 번째 인턴이자 첫 정규직이 된 지금의 회사, 제일기획에 오고 나서야 비로소 이 일을 계속하고 싶다는 확신이 생겼다. 10개월의 시간 동안 이 업에 제대로 섞여보고 나니 '왜 내가 꼭 아트디렉터여야만 하는가'에 대한 명분을 얻을 수 있었다.

　나는 내가 직접 디자인하는 것보다 누군가의 디자인을 보며 '어떻게 더 좋게 만들 수 있을까'를 고민하는 시간이 훨씬 즐거운 사람이었다. 디자이너와 아트디렉터는 둘 다 비주얼이라는 숲을 다루지만, 디자이너는 나무를 심고 아트디렉터는 조경을 그린다. 콘티 작가, 감독, 프로덕션, 디자이너. 이들이 멋진 그림을 만들어낼 수 있도록 더 나은 크리에이티브를 제안하고 방향을 그리는 것. 그게 바로 내가 하는 아트디렉터의 일이다.

“아트디렉터는 하나의 캠페인을 완성시키는 비주얼 감독이야. 아이디어를 내고 그 아이디어를 멋지게 실현해줄 업체를 찾는 일부터, 광고주 니즈에 맞게 조율하고, 비주얼에 대한 모든 과정을 디렉팅하지. 모든 장면의 전체적인 흐름과 완성도를 총괄하는 역할이라고 할 수 있어.”

‘너는 대체 무슨 일을 하는 거야?’라고 누군가 물으면 더는 예전처럼 머뭇거리지 않는다.

업무 전화가 일상인 회사의
콜포비아

콜포비아. 요즘 MZ 세대의 특징이라는데 나 역시 지독한 콜포비아다. 원래부터 음성보다 활자가 편했다. 특히 임기응변에 취약한 나에게 전화는 늘 공포의 대상이었다. 고객센터든 배달 주문이든 통화가 필요한 일은 최대한 피하며 살아왔다. 하지만 어느 날, 결국 시련의 순간이 찾아오고야 말았다.

신입으로 입사한 지 석 달쯤된, 여느 때처럼 정신없이 굴러가던 날이었다. PD님에게 당장 A 캠페인 영상의 수정 사항을 전달해야 했고, 콘티 작가님에게 B 캠페인의 콘티 컷 작화 발주를 넘겨야 했다. 일단은 A 영상의 수정 사항 전달이 급선무였으므로 사수님이 PD님과의 커뮤니케이션을 맡았다. 사실 이때까지만 해도 불길한 기류를 전혀 감지하지 못했다. 그러나 그다음에 CD*님 입에서 나온 말은 가히 충격적이었다.

"그럼 나는 덱**을 정리해야 하니까 작가님이랑 통화는 혜린이가 좀 해줘."

순간 잘못 들었나 하고 귀를 의심했다. 눈앞이 아득해졌다. 나보고 전화를 하라고? 정말로?

여태껏 인턴을 하며 봐왔던 커뮤니케이션 업무는 모두 짬이 찬 선배들이나 하는 일이었기 때문이다. 뭣도 모르는 인턴, 신입은 그 뒤를 보조하는 게 일반적이었다. 혹시 CD님이 내가 신입인 걸 까먹으신 건 아닐까? 물론 지금 팀이 너무 바쁘기는 하다만… 세상이 무너지는 기분이었다. 당연히 사수님이 다 할 줄 알고 마음 놓고 있었는데, 청천벽력 같은 말에 식은땀이 흘렀다.

* CD(Creative Director): 브랜드 메시지를 설계하고 구현하는 총 책임자. 제작팀의 팀장.
** 덱(deck): 아이디어나 전략을 시각적으로 정리한 프레젠테이션 자료.

‘아니, 아무리 인턴을 했다고는 해도 정식 신입으로는 이제 석 달인데? 외부 커뮤니케이션은 당연히 선배 담당 아닌가요? 집에서 음식 주문 전화도 못 거는데 제가 이걸 어떻게 해요! 으악 살려줘!’

속으로 오열하면서도 겉으론 최대한 당황한 티를 내지 않으려 했지만, 이미 내 목소리는 정직하게 떨리고 있었다.

“아… 제, 제가요…??”

표정과 목소리에서 잔뜩 겁먹은 티가 났는지 CD님은 안쓰럽다는 표정으로 웃었다. 그렇게 걱정되면 같이 통화해주겠다고 했지만 잠시 고민하다 거절했다. CD님이 옆에 있으면 오히려 더 긴장해서 뚝딱거릴 게 뻔했다.

갑작스럽게 맡게 된 임무에 허겁지겁 준비를 시작했다. 우선, 최대한 말로 설명할 필요 없도록 발주 장표에 설명들을 빼곡히 써넣었다. 그리고 미팅룸 하나를 통째로 잡고 들어가 문을 걸어 잠갔다. 도저히 내 자리에서 통화할 자신이 없었으니까. 이 서툴고 긴장한 모습을 누구에게도 보여주고 싶지 않았다. 미팅룸에 들어가서도, 혹여나 밖에서 누가 들을까 싶어 맨 안쪽 구석에 자리를 잡았다. 그리고 노트북 모니터에 관련 자료들을 모조리 띄워놓고, 통화 내용을 받아 적을 노트와 펜까지 완벽하게 준비하고 나서야 크게 심호흡을 하고 전화를 걸었다. '○○○ 작가님'이라고 뜬 휴대폰 너머로 통화 연결음을 들으며 속으로 싹싹 빌었다.

'제발… 제발 받지 마세요!'

하지만 3초 만에 통화가 연결됐다. 연결음이 툭 하고 넘어가는 순간, 그 찰나의 정적에 내 심장도 툭 하고 곤두박질쳤다. 나는 기계적이기 짝이 없는 첫 멘트를 반사적으로 내뱉었다.

"안녕하세요 작가님! 저는 이번 신입 아트 도혜린이라고 합니다! 다름 아니라 콘티 발주 건으로 전화드렸어요!"

성대에 힘이 잔뜩 들어간 작위적인 내 목소리는 아마 꼭 〈SNL〉 주현영 기자 같았을 것이다. 그 뒤로는 어떻게 통화했는지도 잘 모르겠다. 사람의 뇌는 감당하기 힘든 기억을 지운다고 하는데 아마 그래서이지 않을까. 그저 상당히 어색하고 괴상하고 쪽팔렸던 통화였던 것만이 어렴풋이 기억난다.

감사합니다, 죄송합니다, 네네, 맞습니다, 제가 다시 확인해보겠습니다, 의 범벅이었던 엉망진창 통화. 결국 뭐 하나

명쾌하게 전달한 게 없어 CD님이 재차 확인 통화를 해야만 했다. 나를 옆에 앉혀둔 채로 작가님과 농담도 섞어가며 여유롭게 통화하는 모습을 보니 더 자괴감이 밀려왔다. 온갖 준비물로 무장하고 통화에 임한 나와 다르게, CD님은 그저 모니터 몇 번 대충 살펴보시더니 5분 만에 통화를 끝냈다. 난 15분을 쩔쩔맸는데 말이다.

참혹했던 이 통화가 제발 마지막이길 바란 것도 무색하게, 그날을 시작으로 본격적으로 통화할 일이 많아졌다. 심지어 어떤 날은 종일 전화만 하다 하루가 다 가버리는 날도 있었다. 회사 내 AE*들과의 통화는 셀 수도 없고, 여러 외부 업체의 PD님, 콘티 작가님, 원고 업체 실장님 등등… 주소록과 통화 기록에는 점점 새로운 연락처들이 늘어났다. 오가는 내용도 더욱 고차원적으로 복잡해졌다. 전달과 수급 같은 간단한 건만 있다면 좋겠지만 이놈의 광고 일이라는 게 또 그렇지 못하다.

---

* AE(Account Executive): 광고주와 제작팀 사이에서 커뮤니케이션 하고 프로젝트를 관리하는 광고 기획자.

어느 날은 출고 일정을 앞당겨달라고 빚쟁이처럼 독촉해야 했고, 또 어느 날은 광고주의 무리한 수정 사항을 전달하며 "죄송해요 실장님, 잘 좀 부탁드려요"라고 싹싹 빌어야 했다. 자칫하면 감정 상하기 십상인 아슬아슬한 상황들을 프로다운 언변으로 해결해나가는 길은 너무도 험난했다. 혹시 뭐 헛소리한 건 없는지, 누락된 건 없는지. 후회와 걱정으로 가득한 후폭풍에 시달리다 기가 쪽 빨려 너덜너덜해졌다.

안타깝지만 내가 맡은 일의 당연한 역할이다. 외부 커뮤니케이션이 주 업무인 아트디렉터가 전화를 피한다는 건 애초 불가능한 일이었다. 한시가 급한 프로젝트들 사이에서, 그 모든 걸 하나하나 여유롭게 문서로 설명할 시간이 없다. 전화로 신속하게 의도를 전달하고, 정확하게 파악해야 한다. 잘못된 작은 커뮤니케이션 하나가 눈덩이처럼 불어나 재앙이 되어 돌아오는 게 이 일이기 때문에.

그리고 솔직히 고백하자면, 사실 나도 그걸 모르지 않았다. 그저 신입이라는 방패 뒤에 숨어 애써 외면했을 뿐. 언젠간 닥칠 일을 눈 감고 회피해왔을 뿐이다. 아트디렉터를 하겠다고 다짐한 이상, 콜포비아는 극복해내야 할 산이었다. 다만 그 시기가 예상보다 일찍 찾아왔을 뿐. 그렇게 CD님을 원망하며 억울해할 이유는 없었다.

그래도 참 신기한 게 죽어도 늘지 않을 것만 같던 통화 스킬이 아주 조금씩 늘긴 늘었다. 어느새 4년 차. 혀가 꼬이고, 목이 마르고, 무슨 말을 했는지 기억도 안 나던 통화들이 쌓이고 쌓이자 나름의 노하우라는 걸 터득하기 시작했다. 미약하나마 능청스러움과 깡다구가 생겼달까. 혹시 신입이라고 무시당하면 어쩌나 하는 걱정으로 속에 묻어두기만 했던 것들을 하나둘 꺼낼 용기도 자랐다.

"그건 힘들 것 같습니다"라고 무턱대고 거절하는 대신 "어렵긴 한데, 그래도 다시 한번 체크해보겠습니다"라고 융통성 있게 한발짝 물러나는 '척' 하는 법을 터득했다. 하나부터 열까지 CD님에게 의존하며 떠넘기던 것들을 내 선에서 1차적으로 정리하는 법을 배웠고, 혹시 통화가 장황하게 늘어질 때는 끊기 전에 중요 사항을 더블 체크하는 것도 이제 빼먹지 않는다.

아, 심지어 요즘에는 내 자리에서 전화를 받기도 한다. 혹시라도 누가 볼까, 휴대폰을 들고 미팅룸이나 전화 부스로

도망치던 그때의 나는 이제 없다. 물론 콜포비아가 100% 완치되었다는 건 거짓말이다. 여전히 몇몇 어려운 통화에서는 목소리가 염소처럼 떨리긴 하지만, 그래도 이제 '제발 받지 말아주세요' 같은 기도는 하지 않는다. 여전히 어색하더라도 피하지는 않는다. 길어지는 연결음에 마음 졸이며 속으로 울던 초짜에서 이만하면 장족의 발전 아닌가.

게다가 음식 배달이 잘못 왔을 때, 겁먹지 않고 곧장 매장으로 전화 걸 수 있는 용기도 생겼다!

쪽팔린 만큼 성장한다

회사에서 가장 당혹스러웠던 순간이 언제였는지 기억나는
가? 나는 아주 선명히 기억난다. 스물네 살 인턴 시절, CD님
에게 혼이 났을 때다. 어른이 된 후 처음으로, 부모님이나 선
생님이 아닌 다른 사람에게 쓴소리를 들었던 그날이.

두 번째 회사에서 인턴으로 근무하던 어느 겨울날이었다.
팀은 정신없이 바빴고, 내가 담당한 캠페인 중 하나의 소셜
콘텐츠가 최종 출고를 앞두고 있었다. 보통 원고*는 주로 업

•원고: 카피, 구성, 연출 등 광고의 모든 요소가 최종 확정된, 온에어를 위한 출고
용 제작 문서.

체 실장님이 전문적으로 다듬어주는 경우가 많지만, 당시엔 그런 발주를 맡길 만큼의 여유가 없었다. 시간도 촉박한 데다 일러스트레이터가 해외 작가였기에 우리 팀 내에서 직접 마무리 짓기로 했다.

그래서 출고 직전까지도 자잘한 수정이 꽤 많았는데 이미 다른 프로젝트의 업무들만으로도 산더미 같은 상황에서 그런 잡다한 일은 사실상 막내 아트였던 내 몫이었다. CD님은 내게 이런저런 디테일한 일러스트 수정을 시키던 중, 갑자기 딱 한 줄이 바뀌게 된 카피의 텍스트 수정을 지시했다. 나는 늘 하던 대로 별 고민 없이 텍스트 레이어를 클릭했지만 이게 웬 날벼락! 내 노트북에는 그 폰트가 없어 텍스트 레이어를 수정할 수 없는 게 아닌가. 아무래도 우리 팀으로 넘어오기 전부터 사용된, 별도의 해외 유료 폰트인 듯했다.

일분일초가 급박한데 예상치 못한 돌발 상황에 나는 어찌할 바를 몰랐다. 열심히 구글링도 해보고, 전문 폰트 탐색 사이트에서 이미지 검색도 해봤지만, 그 폰트를 도저히 찾을 수 없었다. 심장이 점점 빨리 뛰기 시작했고 등줄기로 식은땀까지 흘렀다.

이미 혼자 몇 분을 허비한 상황에서, 각자 바쁜 업무로 표정이 굳어 있는 CD님과 팀원들에게 차마 눈치 없이 '저… 이거 텍스트가 수정이 안 되는데요' 같은 염치없는 말을 꺼낼 용기도 없었다. 어떻게든 스스로 해결해야만 한다는 압박감에 '그냥 비슷한 걸로 대충 바꿔두면 CD님도 모르지 않을까'라는 말도 안 되는 생각까지 하는 지경에 이르렀다. 그렇게 멘붕에 빠져 있는데 CD님이 급한 목소리로 약간 인상을 찌푸리며 나를 불렀다.

"혜린아. 파일 다 된 거니?"

결국 올 것이 오고야 말았다. 평소라면 3분, 길어야 5분이면 끝났어야 할 일을 20분 넘게 붙잡고 있다가 그만 딱 걸려버리고 만 것이다. 답답한 듯 독촉하는 그 말투에, 마치 도둑질을 하다 걸린 사람처럼 몸이 얼어붙었다. 순간 머릿속이 하얘진 나는 말을 더듬으며 겨우 한마디를 내뱉었다.

"폰트가 유료여서 찾아보고 있었어요…."

그때 처음으로 혼이 났다. 제대로 무너진 멘탈 때문에 CD님의 말씀이 전부 기억나지는 않지만 '그런 상황이면 바로 말을 해야 하고, 너 혼자 그렇게 붙들고 있는 건 아무런 도움이 되지 않는다'고 단호하게 말씀해주셨던 것 같다. 화를 꾹 꾹 참으며 한숨을 뱉는 소리에 심장이 철렁 내려앉았다. 잔뜩 주눅 든 나는 얼굴부터 목까지 시뻘겋게 달아오르고, 목구멍 이 바싹 타 들어갔다. 주변 사람들까지 들었을까 싶어 쥐구멍 에라도 숨고 싶었다. 그때의 당혹스러움과 무안함, 수치심이 뒤엉킨 감정이 지금까지도 생생하다. 그리고 함께 피어오르 던 억울함까지도.

'아니, 유료 폰트 없는 게 내 잘못인가? 애초에 실장님은 왜 이 폰트를 쓰신 거야…. 그래도 해결해보려던 중이었는데 조금만 기다려주시지.'

속으로 수많은 말이 맴돌았지만 그 모든 말을 삼키고 내가 할 수 있는 건, 애써 씩씩한 척하며 "죄송합니다" 하고 고개 를 숙이는 것뿐이었다. 지금도 그날을 떠올리면 마음이 무겁 다. 성인이 된 후로 그렇게 혼난 적이 있었던가. 나름 잘해보 고 싶었던 마음이 무색하게, 첫 꾸짖음의 기억은 너무도 쓰 라렸다.

이 일을 친구들에게 털어놓으니 "인턴이 그럴 수도 있지, 왜 기를 죽이고 그러냐" 하고 일단 내 편을 들어주었다. 나도 징징거리며 서러웠던 심정을 털어놓았지만 사실 이제는 안다. 그때 잘못한 사람은 CD님이 아니라 나였다는 걸.

그날의 심리적 상처를 회복하는 과정은 애도의 5단계(부정-분노-타협-우울-수용)와 비슷했다. 시간이 지나자 처음의 억울함은 서서히 무뎌졌고, 그때는 보지 못한 나의 미숙함을 알아차리게 됐다. 그때 나는 한마디로 상황 판단력과 대처 능력이 너무도 부족했다. 문제 상황에서 내가 해결할 능력이 없을 때 곧바로 보고부터 해야 한다는 것을 그때는 몰랐다. 혼자 끙끙 앓고 있을 게 아니라 얼른 상황을 공유했어야 했다. 당장 출고를 앞둔 급박한 상황에서 혼자 수습해보겠다며 버티는 건 인턴의 무모한 객기일 뿐이었다.

만약 그때 CD님이 확실하게 짚어주지 않고 그냥 넘어갔더라면, 나는 아마 한참 동안 내 문제를 깨닫지 못하고 같은 실수를 반복했을 것이다. 그렇게 인턴 시기를 보냈을 걸 생각하면 아찔해진다. 정말 다행이다. 조금이라도 빨리 그 어리석은 시행착오를 줄일 수 있어서.

당시에는 분명 최선을 다했다고 믿었지만 시간이 지나 돌아보면 그 최선이 턱없이 부족했던 경우가 많다. 아는 만큼 보이고, 보이는 만큼 노력할 수 있는 법이니까. 결국 최선의 기준은 스스로의 성장과 비례한다고 생각한다. 인턴 때도 1년 차 때도 매순간 최선을 다하지 않은 적은 없지만, 그때를 돌이켜 보면 낯부끄럽기 짝이 없다.

이제는 파일을 주고받을 때, 아무리 정신이 없어도 꼭 두 번씩 체크하는 습관이 생겼다. 출고 파일이나 워킹 파일*을 주고받을 때 누락된 소스는 없는지, 텍스트 레이어는 살아 있는지 내 눈으로 체크한다. 안 그래도 바쁜 와중에 괜히 시간 버리는 일이 없도록 빠릿빠릿하게 챙기는 습관이 들었다.

미숙함과 서투름이 당연한 신입사원에게 호된 꾸지람과 쓰라린 가르침은 피할 수 없는 일이다. (이건 아무리 짬이 있는 중고 신입이라 해도 다르지 않다! 내가 그랬기에 감히 말할 수 있다.) 그러니 그런 순간 앞에서 내가 가져야 할 태도는, 지적을 피하는 요령이 아니라 그것을 겸허히 받아들이는 마음가짐이다.

'젊꼰'같이 들릴지 모르겠지만 혼이 괜히 나는 게 아니다.

* 워킹 파일: 편집 가능한 원본 파일로, 수정·재작업을 위해 사용하는 작업용 파일.

신입사원이라는 존재는 결코 완벽할 수 없기 때문에 자신의 판단 역시 미숙할 수밖에 없다. 잘해보려는 의도나 의욕이 엉뚱한 결과를 낳을 수 있다. 그걸 알아차리지 못하면 실수와 잘못은 계속될 것이다.

'쪽팔린 만큼 성장한다'는 말을 SNS에서 본 적이 있다. 너무 노골적인 표현이긴 하지만 그 의미가 한번에 와닿았다. 사람이 성장하려면 그 과정에서 쪽팔림이나 망신을 겪는 건 필연적이다. 그걸 받아들이고 나니 오히려 마음이 편해졌다. 중요한 건 같은 실수를 두 번 반복하지 않는 것. 그렇게 시행착오를 줄여 나가다 보면 조금씩 더 능숙해질 거라 믿는다.

우선순위를 파악하는 일머리

맨 처음 인턴으로 출근하고 가장 충격적이었던 점. 광고 회사는 예상한 것 이상으로 바쁘단 것이었다. 야근이 많다, 집을 못 간다 하는 괴담이야 입사 전부터 익히 들어왔지만 현실은 정말이지 상상을 초월할 정도였다. 늦은 저녁까지 여전히 환한 회사에, 인턴 출근 첫 주부터 정신이 아득해졌다.

'8신데 왜 아직 사람들이 절반이나 남아 있는 건데? 이게 맞아?'

평균적으로 제작팀* 한 팀당 적게는 둘, 많으면 대여섯 개의 프로젝트가 동시에 돌아간다. 소수 인원으로 그 모든 걸 쳐내는 것 자체가 기적이라고 할 수 있다. 물량도 물량이지만, 오후 5시에 온 피드백을 다음 날 오전 10시까지 해내야 하는 데드라인도 야근에 한몫한다. 제출이 빠듯한 경쟁PT라도 겹치는 시즌이면 정말 죽은 목숨이나 다름없다. 당시 막 입사한 병아리 인턴이었던 나에게는 무리한 야근을 시키지 않았지만, 아침 7시에 퇴근하던 선배의 피폐한 몰골을 보고 경악했던 기억이 난다.

솔직히 처음에는 이 모든 게 버거웠다. 뭣도 모르는 상태에서 한순간에 이런 업무 강도에 익숙해지기란 쉽지 않았다. 그러나 나를 더 힘들게 했던 건, 일이 대부분 '겹쳐서' 쏟아진다는 것이었다. 특히 외근까지 있는 날엔 사태가 꽤 심각해졌다.

A 영상의 편집본을 보러 편집실에 가야 하는데, 당장 내일 오전 B 제작회의에 가져갈 아이디어를 한 개도 준비하지 못했을 때. 이도 저도 아니게 정신은 붕 뜨고, 몸 따로 생각 따로가 된다. A 편집본을 보고 있는데도 머릿속엔 B에 대한 아

• 제작팀: 크리에이티브 디렉터, 카피라이터, 아트디렉터로 구성되며, 아이디어를 광고로 구현하는 팀.

이데이션으로 가득해서, 하나에 온전히 집중하기 힘든 상태가 되어버린다.

각자의 아이디어를 제안하는 제작회의가 끝나고 나면, 회의 중 산더미처럼 쌓인 디벨롭 사항들이 저마다 배분된다. 보통 CD님은 장표의 큰 흐름을 정리하고, 시니어 선배들은 각 안들을 맡아 완성도 있게 꾸리기 시작한다. 그리고 나 같은 신입과 인턴들은 대부분 그를 보조하고 그때그때 필요한 부분들을 보충하는 게 일반적이다. 그 말인즉슨 여기저기 쓰일 많은 그림을 만들어야 한다는 뜻이다.

그리고 바로 여기서 문제가 발생한다. 앞서 말한, 일이 '겹쳐서' 쏟아지는 상황 말이다. 조급한 마음에 달려들듯 일을 처리해나가는 와중에, 내 아트워크 제작 역량까지 어필하고 싶은 열정까지 뒤섞여 결국 이런 말을 듣고는 했다.

"혜린아. 지금 하는 건 좀 이따 하고, A안 KV* 먼저 보내줘."

"그거 그냥 대충 하고, 일단 다른 거 먼저 해."

* KV(Key Visual): 콘셉트를 가장 대표적으로 보여주는 메인 비주얼.

그만 매달려 있고 빨리 넘기라고. 이런 말을 들을 때면 흐름이 툭 끊겨버리기 일쑤였다. 열심히 하고 있던 일을 제지당하면 힘이 빠지는 것도 사실이었다. 혹시 내가 신입이라 믿고 맡기지 못하는 건 아닐까. 어련히 알아서 할 텐데. 안 하겠다는 게 아닌데. 조금만 기다려주시지. 민망하고 서운한 마음도 들었다. 하지만 어쩌겠는가. 미련 가득하게 하던 일에서 손을 떼고, 다음 일로 넘어간다.

이런 말을 한두 번 들을 때까지는 지금 할 일이 너무 많아서, 팀이 너무 바빠서 그런가 보다 했다. 그런데 이런 상황이 여러 번 반복되니 쎄한 촉이 왔다. 이건 바쁜 상황과 관계없이, 분명 나에게 문제가 있는 거라고.

너무도 막막했다. 대체 뭐가 문제일까? 왜 자꾸 같은 지적을 받는 거지? 스스로에게 계속 되물었다. 내가 그 정도로 눈치 없는 편은 아니라고 생각했는데, 자꾸만 같은 포인트에서 걸리는 게 이상했다. 빨리 그 이유를 찾아내야만 했다. 이대로는 '답답하고 일머리 없는 신입'이 될 게 뻔했으니까. 그렇게 나를 되돌아보고 또 되짚어보다 내린 결론은, 아직 학생 때 습관을 버리지 못했다는 것이었다.

대학교 때는 혼자 작업물을 만드는 과제가 대부분이었다. 즉, 나와의 싸움인 시간들이었다. 퀄리티는 엉덩이를 붙인 시간과 비례했다. 잘 만들고 싶으면, 성에 찰 때까지 욕심을 내면 그만이었다. 변태같이 집착해서 스스로 만족하는 결과물을 내야만 직성이 풀리는 습관. 그 습관을 회사까지 이어오니 동시다발적인 일들을 할 때마다 문제가 생기는 것이었다. 학생 때처럼 하나하나 디테일 하게 파고들 시간이 있다면 참 좋겠지만, 여긴 회사다. 그것도 일분일초가 급한 광고 회사.

예를 들어 2시간 뒤 광고주 보고가 있고, 필요한 이미지 컷이 3개라고 한다면 그 모두를 균일하게 완벽한 수준으로 만들기란 불가능하다. 그러니 가장 중요한 KV 이미지를 먼저 해치운 뒤, 그다음 메인 필름 콘티 이미지를 합성하고, 마지막으로 해당 보고에서 가장 비중이 적은 소셜 콘텐츠 파트를 다듬는 이런 순서가 가장 합리적일 것이다. (물론 프로젝트와 CD님의 성향마다 다를 수는 있다.)

그런데 과거의 나는 우선순위도 없이 냅다 시작부터 했다. 그렇게 무턱대고 달려들어선 세월아 네월아 작품 하듯 매달렸으니, 지켜보는 선배들은 속이 터질 수밖에. 인물의 머리

카락 합성이 성이 안 차더라도, 흐린 눈을 하고 다음 스텝으로 얼른 넘어가야 한다. 마음 같아선 머리카락을 한땀한땀 수정하고 싶지만 한시가 급한 상황에 그런 사소한 부분에 매달릴 수는 없다. 겨우 그거 하나 때문에 CD님과 AE 등 여러 사람들을 기다리게 해선 안 된다.

처음엔 속으로 선배들을 원망하기도 했다. 그냥 처음부터 딱 정해주면 안 되나? 이건 먼저 하고 저건 나중에 하라고. 그러나 조금 지나고 나니 알 수 있었다. 선배들도 시간이 없긴 피차일반이다. 아니, 오히려 배로 많은 업무가 쌓여 있다. 그 와중에 신입사원의 잔일들을 교통정리 해줄 여유가 없다. 내게 시킬 일을 떼어주는 것부터가 이미 1차 정리였다는 사실을 미숙한 난 알지 못했다.

나는 이제 모든 일에 100%의 퀄리티를 낼 수 없음을 인정한다. 어느 한 군데에 매달려 욕심을 좀 부리고 싶어도 아쉬워 말고 뒤로 미뤄둘 줄 알아야 한다. 그게 바로 '일머리'라고 불리는 역량이니까.

그리고 지금도 여전히 그런 '미숙한 완벽주의'를 버리는 법을 연습하는 중이다. 수년간 굳어진 습관을 한순간에 바꾸

긴 쉽지 않다. 아직도 흥미로운 그림을 보면 그거 하나만 파
보고 싶은 은밀한 욕심이 피어오르니 말이다. 하지만 꾸욱 참
고 우선 해야 할 일부터 한다. 모든 그림에 미련을 가지기엔,
더 시급하고 중요한 일이 기다리고 있으니까.

메일 한 통의 세계관

입사 전에는 회사에서 메일 쓸 일이 이렇게나 많을 줄 미처 몰랐다. 물론 아트디렉터라는 직무 특성상, PD님이나 업체 실장님 등 외부 협업이 일상이기에 커뮤니케이션이 많을 거란 사실은 알고 있었다. 다만 워낙 실시간으로 주고받아야 할 급박한 상황이 많으니 당연히 카카오톡이나 전화가 주가 될 거라 생각했다. 그러니 우리 회사에서 메일은, 기껏해야 광고주들과 소통할 일이 많은 AE들에게나 해당되는 일이라고 짐작했었다.

왜 그렇게 안일하게 생각했냐 하면, 우선 그때의 나는 카카오톡이 300mb 이상의 파일은 보낼 수 없다는 치명적인 제약을 인지하지 못했다. 게다가 원본 화질 설정을 해두지 않으면 이미지가 쉽게 깨져 본격적인 파일들을 주고받기엔 무리라는 것, 그리고 무엇보다 공식적인 안건은 히스토리 관리를 위해 회사나 직군을 막론하고 거의 모두 메일을 통해 오간다는 것도.

메일은 그냥 회사에서 쓰는 또 하나의 메신저쯤으로 생각했던 나는 뒤통수가 얼얼했다. 메일함 속 줄줄이 쌓인 메일 하나하나가 모두 해결해야 할 퀘스트처럼 느껴졌다. 독해력, 작문력 등 모든 복합적 소통 능력을 총동원해야 할 퀘스트.

메일 작성쯤이야 그냥 입사하면 자동으로 장착되는 직장인의 기본 스킬인 줄 알았는데, 이토록 복잡하고 미묘할 줄이야. 학생 때는 메일을 제대로 써본 적 없으니 알 턱이 없었다. 공모전 제출 때나 과제 제출 혹은 교수님께 보내는 성적 정정 메일 정도나 써봤지, 메일이라는 수단을 통해 소통이란 걸 제대로 해본 적이 없으니 카톡이나 문자만큼 익숙할 리가 없었다. 게다가 나는 업무 카톡에서도 깜찍한 이모티콘의 힘에 200% 의존하는 사람인데 여기선 그런 꼼수조차 허락되지 않으니 더욱 막막했다.

입사 초의 나는 메일 한 통을 쓰는 데 거의 30분이 걸렸다. 과장이 아니라 정말로. 그나마 익숙했던 네이버 메일과도 전혀 다른 사내 메일의 구조에 머리가 아팠다. 참조는 대충 알겠는데 비밀 참조는 또 뭐지. 개인, 공문, 대외비… 복잡한 메일 종류도 도통 눈에 익지가 않았다.

메일 한 통을 무사히 보내기 위해 거쳐야 할 절차가 너무도 많았다. 일단 제목에 주 안건인 '[광고주 피드백 반영]'을 빼먹진 않았는지 체크하고, 본문이 적절한 존댓말인지를 몇 번이고 확인한다. 인원이 많을 때는 특히 더 헷갈린다. 대리님을 팀장님보다 먼저 쓰면 안 되고, 사수보다 실장님을 위에 쓰면 또 안 되고. 이름 하나하나 순서에 맞게 나열하는 건 꼭 퍼즐을 맞추는 것 같았다.

문장을 검토할 때도 여간 고민스러운 게 아니다. '요청드립니다'는 너무 딱딱하고 '부탁드립니다'는 너무 간절하고 '도와주세요'는 또 너무 처절했다. 카톡이었다면 '부탁드려요오!ㅜㅜㅜ'에 코알라가 격하게 울고 있는 이모티콘을 덧붙였을 텐데. 메일 세계관에서 적절한 존댓말 수위를 가늠하기도 쉽지 않았다. 카피 아이디어보다 메일 한 통을 쓰는 데 더 많은 신경을 쓰게 될 줄이야. 물론 그렇게 고심해봤자 나오는 표현이라곤 '확인 부탁드립니다 :)' 정도의, 전혀 임팩트 없는 그저 그런 문장일 뿐이다. 그리고 마지막으로 네이버 맞춤법 검사기까지 두 번씩 돌려봐야만 비로소 발송 버튼을 누를 수 있다.

기나긴 여정은 사실 여기서 끝이 아니다. 나의 직무가 또 아트디렉터인지라 메일 안에서도 '아트'를 완전히 놓을 수가 없다. 아마도 이놈의 직업병 중 하나일 텐데, 메일 본문이 예쁘지 못한 건 도저히 참지 못해 스스로 일을 더 키운다. 폰트를 고르고 정렬과 행간을 조정하며 텍스트들 간의 위계를 다룬다는 점에서, 메일 역시도 내게는 일종의 편집 디자인인 것이다. 웃기지만 어쩌면 또 하나의 미니 보고서를 만드는 것과 별반 다를 게 없다고 느껴진다.

이런 데서까지 디자인을 하고 있는 미련한 나를 발견할 때면 스스로도 어이가 없다. 하지만 아무리 실수라 해도 바탕체나 궁서체는 도저히 참아줄 수가 없고, 150% 미만의 빽빽한 행간은 내 시각적 본능이 읽기를 거부하는 걸 어쩌랴. 적절한 줄내림 없이 한 뭉텅이로 붙어 있는 피로한 텍스트를 보면 한숨이 절로 나온다. 어언 10년째 굳어져버린 이 디자이너로서의 습관은 쉽게 고칠 수가 없나 보다. 아트디렉터란 메일 한 줄에도 폰트 간격과 정렬에 신경을 곤두세울 수밖에 없는 참으로 피곤한 종족인 것 같다.

수백, 수천 통의 메일을 보내본 지금은 이런 모습이 이제 일상이 되었지만, 처음엔 혼자 그 수많은 커뮤니케이션을 조율하느라 진땀을 흘렸다. 보내기 전에 여유 있게 두세 번 검토할 수 있는 시간이 있으면 좋겠지만 당연히 이 바쁜 광고회사에선 그런 여유를 허락하지 않는다.

너무 정신없던 탓에 작은 실수를 했던 1년 차 때의 하루가 떠오른다. PD님과 업체 실장님들에게 보내는 메일에서 'Story film'을 'Sroty film'으로 스펠링 순서를 잘못 적어보내고 만 것이다. 외근길에 급하게 메일을 보내느라 길거리에 쭈그리고 앉아 노트북 작업을 하던 와중이었다. 메일을 보내자마자 오타를 발견하고 '발송 취소'를 누르려 했지만, 이미 수신 확인이 된 바람에 허탈하게 이불킥만 날렸다.

정말 쌀 한 톨만큼도 중요하지 않은 그 사소한 실수의 기억이 지금까지도 이렇게 생생하다. story든 sroty든, 그 정도 오타가 있든 말든 알 게 뭐람. (물론 광고주에게 보내는 메일이라거나 정말 중요한 공지 안건이라면 다르겠지만.) 정신없이 바쁜 와중에 그런 사소한 오타를 지적하는 선배는 단 한 명도 없었다. 아니, 애초에 오타가 있었는지조차 몰랐을 가능성이 크다. 하지만 그 한 글자에도 세상에 무너지는 것만 같았던 개복치 신입사원은 그저 스스로 분하고 아쉬울 뿐이었다.

신입사원이 메일 한 통에 이렇게나 목을 매는 이유는, 그 속에서만이라도 미숙함을 감추고 싶기 때문이다. 고심 끝에 보내는 메일에서만큼은 신입의 허술함을 들키고 싶지 않은, 10년 차처럼 능숙해 보이고 싶은 욕심이 무의식에 자리 잡고 있어서다.

그런데 시간이 지나면서 발견하게 된 재밌는 점이 있다. 연차와 메일의 길이가 반비례한다는 것이다. 20년 차 팀장님이 구구절절 장문의 메일을 쓰는 것을 보기 힘들고, 신입이 짧고 간단하게 쓰는 경우도 본 적이 없다. 내가 30분 동안 공들여 쓴 메일에, 고작 5분 만에 돌아온 심플한 회신을 보면 어떻게 그 짧은 문장만으로도 간결하게 핵심을 전달할 수 있는

지 지금도 신기할 뿐이다.

슬프지만 나는 아직 한참 멀었다. 여전히 군더더기 없이 메일 쓰는 법을 모르겠으니 말이다. 미사여구 없이 용건만 덜렁 보내기엔, 신입 주제에 왠지 예의 없어 보일 것 같다. 그래도 고심해서 쓴 따뜻한 인사말 한 줄에 조금은 기분 좋아지지 않을까 싶고, 아무튼 그렇다.

그럼에도 전반적인 메일 스킬은 입사 초에 비해 나아진 것 같다. 아직 선배들이나 AE들처럼 프로페셔널하진 않지만, 메일을 보내는 속도만큼은 확실히 빨라졌다. 4년 차의 짬도 짬이겠지만, 솔직히 챗GPT 같은 AI 툴의 도움도 크다. 오타 없이, 요점은 분명하게 수신인과 참조인을 명확히 나눠 보내는 능력. 심지어 이젠 팀 내에서 어떤 프로님의 회신이 빠른지, 누가 피드백을 깔끔하게 보내주는지 가늠할 줄 아는 잔머리도 생겼다.

어릴 땐 그저 모호하게만 느껴졌던 커뮤니케이션 능력이 왜 회사에서 그토록 중요한 역량으로 평가받는지 이제야 알 것 같다. 빠르고 명확하고 효율적인 소통 방식이 일 전체에 얼마나 큰 영향을 미치는지를 뼈저리게 체감하는 요즘이다.

만약 입사 우대 조건으로 엑셀 자격증처럼 '업무 메일 작성 능력' 자격증이 있다면 어땠을까 하는 황당한 상상을 해 보기도 한다.

문제. 광고주에게 피드백 문서를 공유하고 이후 스케줄에 대한 옵션 세 가지를 제안하는 메일을 작성하시오. (제한 시간 10분)

아마 이런 식의 문제가 나오겠지? 이런 입사 전형이 있었다면 난 보나마나 광탈했을 게 뻔하다.

오늘도 나의 메일 유니버스는 여전히 정신없다. 어제 촬영한 인쇄 광고 시안부터 법인카드 과자 구매 영수증까지. 메일은 쌓이고 읽히고 놓치고 되돌아온다. PC로도 폰으로도, 분 단위로 새로고침을 반복하는 중이다. 한시도 멈추지 않는 이 세계 안에서, 나는 오늘도 불나는 타이핑으로 메일 핑퐁을 하고 있다.

똑같은 아이디어인데
왜 선배만 밀어주나요

아트디렉터의 일에는 노련한 경험치가 필수지만 유일하게 예외인 때가 있는데, 바로 제작회의에서다.

'크리에이티브는 누가 내든 좋기만 하면 장땡!'

익히 들어온 제작팀 슬로건 같은 말이다. 아이디어만큼은 계급장 떼고 붙는다는 것. 1년 차든 10년 차든, 제작회의에서만큼은 대등하다. 이 야생의 생태계 같은 법칙이야말로 광고 회사의 가장 큰 매력이라 생각한다. 젊은 구성원의 팀에서 유독 트렌디한 광고들이 탄생하는 사례를 여럿 보았기에 쉽게 납득이 된다.

연차 불문하고 아이디어만 좋다면 우선이라는 그 말을 철

석같이 믿어왔는데. 그 믿음에 뒤통수를 세게 얻어맞고, 처음으로 느낀 격한 배신감에 잠 못 이루던 인턴 시절의 사건 하나가 떠오른다.

여느 때와 다름없는 제작회의 날이었다. (구체적인 브랜드는 대외비라 밝힐 수 없지만, 누구나 알 법한 브랜드의 꽤 비중 있는 필름 캠페인이었다.) 짬의 역순으로 발표하는 게 일반적이라, 인턴이었던 나는 일찌감치 내 차례를 마치고 선배들의 아이디어를 경청하는 중이었다. 그런데 한 선배가 자신의 차례에 PPT 장표를 넘기는 순간, 나는 내 눈을 의심했다.

아니 글쎄, A안의 키카피*가 내 것과 토씨 하나 다르지 않은 것 아닌가! 정말로 문장 끝에 붙은 느낌표까지 똑같았다. 크리에이터들에게 아이디어가 겹친다는 건, 누구나 떠올릴 수 있는 흔한 아이디어라는 의미이기도 하다. 하지만 오히려 나 같은 인턴에게는 묘한 뿌듯함이 느껴졌다. 10년 차가 훌쩍 넘은 선배와 내가 비슷한 수준으로 고민했다는 거니까.

'뭐야, 사람 생각하는 거 다 똑같구만!'

* 키카피(Key-Copy): 광고에서 가장 강조하는 짧은 핵심 문구.

마치 내 접근이 틀리지 않았다는 보증인 것처럼 느껴졌다.

"하하, 아까 혜린이 카피랑 똑같죠."

머쓱하게 웃으며 나와 눈을 마주치는 선배에게 나도 싱글 벙글 웃어 보였다. CD님을 포함한 팀원들 앞에서, 인턴 치고는 선방했다는 안도감이 들며 기세등등해지는 기분이었다. 그 뒤로 이어지는 선배의 발표 장표들을 어느 때보다 집중해서 보았다. 바디카피와 약간의 디테일은 달랐지만, 어쨌든 가장 중요한 인사이트와 키카피는 똑같았다.

그렇게 제작팀 전원의 아이디어를 발표하는 시간이 끝나고, AE와 광고주에게 들고 갈 만한 것들을 선별해내는 시간이 왔다. 선배와 내 아이디어는 광고주가 바라던 방향성에 매우 가까운 편이었기에, 둘 중 하나는 무조건 선택되겠다 싶어 속으로 혼자 설레고 있었다.

그런데 CD님은 별 고민도 없이 선배의 아이디어를 메인 안으로 택했다. 둘을 나란히 비교하며 고민하는 시간을 기대했던 나는 실망감을 숨길 수 없었다. 심지어 나는 한 편의 콘티를 다 만들어왔고, 선배는 그림도 몇 장 붙여오지 않았는데 말이다. 며칠을 고민하고 밤을 새운 내 소중한 아이디어가 선배의 장표 뒤에 들러리처럼 붙어 있는 걸 보니 속이 쓰려왔다. 그렇게 그 아이디어는 선배의 안을 중심으로 정리되었고, 내 덱에서는 콘티 컷 몇 장만 발췌해 끼워 넣는 선에서 마무리되었다.

꿈나무 인턴에게 그날의 기억은 상당한 충격이었다.

'버릴 거면 둘 다 버리고, 살릴 거면 둘 다 살려야 하는 거 아닌가? 이건 차별 아닌가?'

'아니야… 그래도 선배 아이디어가 안전빵이겠지. 인턴 아이디어는 나중에 정리하기가 번거로워서 그러셨을 거야. 그래, 그런 걸 거야.'

별별 이유를 대가며 혼자서 속을 달랬다. 아무도 알아주지 않는 서러움을 어떻게든 합리화하면서 받아들이려 했다. 그때의 내가 최대한 이해할 수 있는 선은 딱 거기까지였으니까. 그렇게 내 아이디어는 힘 한번 제대로 쓰지 못하고 모두의 기억 속에서 사라졌다. 이후 수십 번의 제작회의에 묻혀 '현실의 쓴맛을 알게 된 날' 정도로 희석되어 자연스럽게 흘러갔다.

2년쯤 시간이 지나고 그 기억이 거의 잊힐 무렵, 어느 제작회의 시간. 두 선배가 가져온 레퍼런스가 겹쳤다. 그 영상은 워낙 명작으로 유명했기에 여러 회의에서 단골 레퍼런스로 종종 등장하곤 했지만, 이렇게 한 회의에서 겹치는 건 흔치 않은 일이었다. B 선배가 장표를 넘기고 그 레퍼런스가 두 번째로 등장하는 순간, 속으로 '아쉽지만 저 안은 나가리겠네'라고 생각했다. 브리프*에서부터 같은 레퍼런스를 떠올렸다는 건 누구나 1차원적으로 생각할 만한, 고민이 얕은 아이디어일 확률이 높다는 뜻이기도 했으니까.

그런데 듣다 보니 뭔가 이상했다. 분명 같은 레퍼런스인데도 달랐다. A 선배는 거기서 비주얼만을 차용하는 방향의 안을 꾸려왔고, B 선배는 비주얼뿐 아니라 내레이션 화법 등 전체 화두를 참고해서 풀어나가는 안을 짜왔다. A 선배의 방향도 좋았지만 B 선배의 아이디어에 훨씬 더 설득력이 실리는 것처럼 느껴졌다. 아니나 다를까. 전원 동의하에 B 선배 아이디어가 기획회의에 올라가는 것으로 마무리됐다. 같은

* 브리프(brief): 광고 제작을 위한 핵심 정보와 방향을 전달하는 요약 문서로, 제작팀에 전달하는 지시서.

레퍼런스였지만 그 안에서 어떤 포인트를 취할 것이냐는 판단으로 갈린 결과였다.

'어라, 이런 비슷한 상황… 어디서 본 것 같은데?'

순간 데자뷰 같은 느낌과 함께 2년 전 그날의 기억이 떠올랐다. 나는 당장 외장하드를 뒤져, 기억마저 흐릿해진 케케묵은 그날의 폴더를 찾았다. 그리고 판도라의 상자를 여는 마음으로 파일을 열었다. 억울함에 사무치던 문제의 [○○ 프로젝트_제작회의] 폴더 속 파일을.

그래서, 다시 보니 어땠냐고? 처참한 재앙 그 자체였다. 2년 사이에 나름 성장하긴 한 건지, 부족한 점들이 끝없이 눈에 들어왔다. 분명 내가 낸 아이디어인데도 공감성 수치에 얼굴이 다 화끈거렸다. 이런 쓰레기를 당당하게 회의에 가져갔다니! 정말이지 차마 못 봐줄 지경이라, 홧김에 그 파일을 쓰레기통으로 버려버릴 뻔했다. 줄줄이 바디카피를 써놓긴 했는데 기존 광고들의 카피를 이상하게 섞어 놓느니보다 못한 퀄리티였고, 키비주얼도 겉만 번지르르한 개살구 흉내를 낸 수준이었다. 무엇보다 그 모든 조합이 다 따로 놀아서 무슨 말을 하고 싶은 건지 하나도 알 수가 없었다.

'이런 메시지를 키카피로 잡았는데, 왜 나머지는 딴소리를 하고 있는 거지?'

과거의 내 멱살이라도 잡고 물어보고 싶었다. 인사이트, 키카피, 바디카피, 그리고 비주얼이 모두 제각각인 기괴한 하모니였다.

그때 내 아이디어를 제치고 채택된 그 선배의 파일도 다시 열어봤다. 내 장표의 2/3 정도밖에 안 되는 빈약한 구성이었지만, 몇 장 없는 그 장표들만으로도 무슨 얘기를 하고 싶은 건지 전달하기엔 충분했다. 오히려 몇 컷 없는 그림이 아직 비워진 전체를 그려볼 여지를 만들어주고 있었다.

이것저것 짜깁기한 아이디어와, 하나의 방향을 선명하게 보여주는 아이디어. 그제야 나는 과거의 CD님 판단에 고개를 끄덕이게 되었다. 그나마 내 콘티 몇 장이라도 살려준 것에 감사해야 할 판이었다. 서로 똑같다고 생각했던 둘 사이에서 실제 같은 건, 달랑 문장 한 줄뿐이었다. 그런데 뭐? 연차 높은 선배의 아이디어가 안전빵이라 그랬다느니, 인턴 아이디어로 정리하려면 번거로워 그랬다느니… 실로 낯부끄럽기 짝이 없는 무지한 오만함이었다.

같은 재료도 어떤 방식으로 요리하는가에 따라 수십, 수백 가지의 요리가 될 수 있듯 아이디어도 마찬가지다. 똑같은 팁을 어떻게 풀어내는지에 따라 완전히 다른 결과가 나온다. 완성도 있는 결과물을 내는 것은 당연히도 오랜 경험의 축적에서 나온다.

지금의 나는 여전히 까마득하다. 한두 장의 그림만으로 설득력을 가질 수 있는 힘. 레퍼런스 영상 하나에서도 단편적인 부분만을 보는 게 아닌, 더 큰 그림을 그릴 수 있는 능력. 고작 4년 차인 내겐 아직도 손에 닿지 않을 먼 미래처럼 막연하기만 하다.

과오를 돌아보는 건 고통스럽고, 흑역사를 정면으로 마주하는 일은 너무도 잔인하다. 그럼에도 불구하고 그 폴더를 다시 열어보길 참 잘했다고 생각한다. 그나마 인턴 때 그런 경험을 할 수 있어 행운이었다고. 그로 인해, 내 부족한 점을 알아볼 수 있는 눈이 조금이라도 생겨서 참 다행이라고.

신입의 강점으로 승부를 보다

광고 회사에서 아이디어는 일종의 서바이벌이다. 하나의 광고가 세상에 나오기까지는 최소 세 개의 관문을 통과해야 한다.

① 제작팀 내에서 각자 아이디어를 펼치는 **제작회의**
② 그중 좋은 아이디어를 골라 AE들과 방향성을 논의하는 **기획회의**
③ 소수의 최종 후보를 광고주에게 제안하는 **광고주 보고**

이 모든 과정을 통과한 아이디어만이 비로소 제작될 기회를 얻는다. 심지어 그마저도 통째로 엎어지는 경우가 허다하다. 그러면 또다시 원점으로 돌아와 제작회의를 처음부터 다시 시작한다. 그러므로 아이디어란 지독히도 까다로운 생존 게임일 수밖에. 결정권자 수십 명의 취향을 모두 저격하면서도 예산과 타이밍 등 여러 조건들과도 맞아떨어져야 하는. 그렇게 뜰채망에 거르듯 고르고 또 고른 최후의 단 하나만이 광고로 탄생할 수 있다.

그러니 인턴과 신입의 아이디어가 1차에서부터 떨어지는 건 흔한 일이다. 슬프지만 당연하다. 학교에서 공모전용으로 주야장천 만들었던 학생 광고와 실제 회사에서 필요로 하는 아이디어는 전혀 다르기 때문이다. 아이디어라는 건 무턱대고 참신하기만 하다고 되는 것이 아니다. 포토샵 좀 할 줄 알고, 글 몇 줄 쓸 줄 안다고 할 수 있는 건 더더욱 아니다. 한정된 제작비와 방송 심의 등 수많은 현실적 제약 안에서도 명확하게 메시지를 남길 줄 알아야 한다. 그리고 이 안전함과 무모함 사이의 미묘한 줄타기를 하는 감을 잡으려면 당연히 수많은 경험과 시간이 필요할 수밖에 없다.

인턴으로 맨 처음 이 일을 시작했던 나도 마찬가지였다. 내가 낸 아이디어가 TV와 거리 방방곡곡에 도배되길 꿈꾸며 입사했지만 턱도 없었다. 광고주 보고는 무슨, 첫 관문인 제작회의에서부터 광탈이었다. 나름 디자인 특성화고를 다니며 열일곱부터 광고를 해왔기에 내심 여느 인턴들과는 다를 거라 생각했는데, 그 기대가 민망할 정도로 매번 최종안에 들지 못하는 내 아이디어에 스스로 자존심이 상했다. 제작회의 정도는 식은 죽 먹기로 통과하는 선배들의 아이디어를 열심히 따라 해보기도 했지만, 회의 때마다 번번이 탈락의 고배를 마셔야만 했다. 처음에 들었던 그 분한 마음도 여러 번 반복되니 점차 무뎌졌다.

그렇게 만년 탈락에 익숙해지던 때쯤 드디어 나에게도 기회가 왔다. 유명 인강 브랜드의 캠페인이 새로운 프로젝트로 들어온 날이었다. 소속 스타강사를 내세워 10대 입시생 타깃에게 브랜드 인지도를 높이는 것이 목표였다. 그 브리프를 보자마자 나는 무릎을 탁 쳤다.

'오케이, 이거다!'

선배들 대부분이 아저씨였기에 이건 내가 압도적으로 유리하다 싶었다. 불과 4년 전까지 나는 수험생이었으니까. 직전에 진행했던, 내겐 너무 어려웠던 금융 광고와는 다르게 이번엔 시작부터 호기로웠다. 10대가 반응하는 진짜 트렌드가 뭔지 보여주겠다는 포부로 열심히 아이디어를 짰다. 책장에 처박아둔 재수 시절의 2017년도 수능 문제집도 다시 꺼내보고, 입시 이후 한 번도 들어가보지 않은 수만휘*를 기웃거리기까지 하면서. 그렇게 여러 인사이트를 뒤적거리다 곰곰이 생각에 잠겼다.

'내가 재밌게 본 것들 중에서 레퍼런스가 될 만한 게 뭐가 있을까?'

문득 EXO의 〈으르렁〉 가사를 수능 국어 풀듯 분석하던 유튜브 영상이 떠올랐다. 이번 프로젝트 브랜드와도 잘 어울릴 것 같단 예감에, 장안의 화제였던 그 콘텐츠를 참고해보기로 했다.

그래서 떠올린 콘셉트는 '웹드라마 리뷰 강의'. 10대들 사이에서 큰 인기를 끈 웹드라마 〈에이틴〉을 소재로, 드라마 속 장면을 통해 개념을 설명하는 콘텐츠를 구상했다. 예를 들

* 수만휘: 네이버 카페에 개설된 가장 큰 수험생 커뮤니티.

어 캐릭터 간 싸움 장면을 함께 보며, 사회문화 과목의 '갈등론'을 설명하는 식. 소속 스타강사를 리뷰어로 내세워 10대 학생들이 공감하고 즐길 수 있는 콘텐츠를 만들어보자는 거였다.

이 아이디어는 도 아니면 모였다. 보통은 교육의 가치를 담은 슬로건을 내걸거나 강사의 자긍심을 드러내는 메니페스토*스러운 아이디어가 정석이겠지만, 이건 그런 정통 방식이 아니었다. 〈에이틴〉이 뭔지도 모를 서른 중후반의 선배들이 이런 아이디어를 가져올 리는 없었기에, 내 아이디어의 운명은 둘 중 하나였다. 너무 실험적이라고 얄짤 없이 잘리거나 혹은 일말의 가능성으로 뽑히거나.

조금 더 무난하게 고쳐야 하나 잠시 고민했지만, 나는 아이디어의 운명을 50% 확률에 걸었다. 적어도 이번만큼은 선배들이 아닌 나를 더 믿어야 할 것 같은 이상한 직감이 들었기에. 그리고 결과는 대성공이었다. 내 아이디어가 기획회의

• 메니페스토(manifesto): 브랜드가 지향하는 철학과 신념을 강렬한 메시지로 선언하는 광고 형식.

용 안으로 뽑혔다! 그토록 바라던 내 아이디어의 첫 합격 소식이었다.

기획회의에서 CD님은 내 아이디어를 모두 앞에서 열심히 어필해주셨다. 겉으로는 아무렇지 않은 척했지만 심장이 터질 것만 같았다. 그동안 AE에게 보여줄 수 있는 내 작업이라곤 선배들의 아이디어에 덧붙은 몇 장의 이미지 조각뿐이었는데, 이번엔 처음부터 끝까지 내가 만든 안이 제 몫을 다하고 있는 걸 보니 묘했다. 게다가 몇몇의 칭찬 피드백도 들었다.

"입시 강사가 드라마를 리뷰한다니, 지금껏 못 보던 새로운 콘셉트의 광고예요."

"10대 학생들이 진짜로 볼 것 같은 콘텐츠네요."

아, AE들의 입을 통해 듣는 칭찬은 이런 느낌이구나. 피드백 회의록을 받아 적는데, 자꾸 내 것만 편애하게 되는 마음에 애써 중립을 유지하느라 혼났다. 아쉽게도 다음 단계인 광고주 보고까지는 올라가지 못했지만 인턴의 아이디어가 기획회의까지 올라간 것만도 대단하다고, 기특하단 표정으로 엄지를 치켜세워주던 선배들의 격려만으로도 충분했다.

‘그래. 아직 인턴 4개월 차인데, 조만간 광고주 회의도 올라갈 수 있겠지.’

여태껏 나의 아이디어들은 언제나 부족하다는 아쉬움이 남곤 했는데, 이번에는 왜인지 보고 또 봐도 참 잘했다는 만족감이 컸다. 이것만큼은 ‘내가 낸 아이디어예요!’라고 사방팔방 자랑하고 싶었다. 그날 퇴근길의 기분이 생생하다. 채 가시지 않은 흥분으로 온몸이 붕 뜬 것만 같았다. 기획회의에서 모니터에 띄워져 있던 내 아이디어 장표들이 머릿속에서 떠나질 않았다. 신사역으로 향하는 길의 노을마저 그렇게 벅찰 수가 없었다. 목구멍으로 차오르는 먹먹함을 꾹 참아보다 결국은 눈물을 찔끔 흘리고 말았다. 성취감으로 흘린 나의 첫 눈물이었다.

참 아이러니한 일이다. 선배들 아이디어를 흉내 내며 그렇게 애를 쓸 땐 죽어도 넘지 못했던 그 턱이, 그 모든 걸 내려놓고 나서야 넘을 수 있었다니. 어쩌면 지금껏 누군가를 ‘따라 하고 있다’는 생각 때문에 자신감이 떨어진 게 문제였을 수도 있겠다는 생각이 들었다. 이번 캠페인이 20대인 나에게 유리했던 것도 분명히 있고. 아무튼 이번엔 내 운이 억수로 좋았다.

드라마처럼 그때부터 내가 급격히 성장했다는 스토리라면 좋겠지만, 그 후로 수많은 회의에서 내 아이디어는 역시나 번번이 탈락했고 난 또다시 시무룩해지곤 했다. 아이디어에 대한 어렴풋한 감을 잡기까지 어언 1년을 더 그랬던 것 같다.

그래도 그날 이후 한 가지 확실히 달라진 점이 있다. 예전 같으면 망설이다 머릿속에서만 남겨뒀을 아이디어를, 이젠 조금 더 당당하게 꺼낼 수 있게 됐다는 것. 한 번 살아남아본 경험을 씨앗 삼아 '노련해야만 한다'는 강박을 조금은 내려놓을 수 있게 되었다. 탈락에 익숙해져 늘 움츠러들어 있던 인턴에게는, 그 단 한 번의 성공만으로도 나다운 아이디어가 통한다는 희망을 갖기에 충분했다.

소속감과 소외감 사이,
인턴

지금 회사인 제일기획을 포함해 총 세 곳에서 나는 인턴을 했다. 도합 10개월을 일했으니 나름 인턴 전문가라고도 소개할 수 있다. 전쟁터 같은 이 취업 시장에서 한두 번의 인턴 경험은 선택이 아닌 필수라고들 하길래 3학년 1학기가 끝나자마자 휴학하고 실무 경험 쌓기에 매달렸다.

그중 두 번째 회사에서 진행한 한 프로젝트가 온에어 된 날이었다. 영상이 워낙 멋지게 만들어져 온에어 전부터 내부 반응이 좋았는데, 업로드 되자마자 꽤 높은 조회수를 올려 모두가 들떠 있었다. 팀원들 모두 속 시원한 얼굴로 웃었고, 나도 몇 번이고 영상을 되돌려 보며 뿌듯해했다.

그러나 그 기분은 스태프 크레딧을 보는 순간 바람 빠지듯 가라앉았다. CD, 카피라이터, AE, 그리고 아트 선배님까지 모두 있었지만 내 이름만 쏙 빠져 있는 크레딧. 초조한 마음으로 몇 시간 동안 아무리 새로고침을 해봐도 내 이름은 없었다.

TVCF* 속 스태프 크레딧 등록은 보통 AE의 재량이고, 대부분 인턴까지는 올려주지 않는다고 한다. 그래도 속상한 마음에 굳어지는 표정을 감출 수가 없었다. 다정한 옆 선배가 감사하게도 AE들에게 한번 말해보라고 권해주었지만 차마 그럴 순 없었다. 어차피 나는 몇 주 뒤면 또 다른 팀으로 이동해야 하는 처지였으니까. (당시 그 회사 인턴은 2개월마다 팀을 순환하는 시스템이었다.)

누군가는 '아무리 인턴이라도 자기 포트폴리오는 스스로 챙겨야 하는 것'이라고 냉철하게 말했지만, 끝내 그 요구를 입밖으로 꺼내지 못했다. 어쩌면 나도 알고 있었기 때문인지

• TVCF: 다양한 광고 콘텐츠를 아카이브하고 공유하는 광고인들의 필수 플랫폼. www.tvcf.co.kr

모른다. 난 아직 이곳에 완전히 속하지 못했다는 걸.

참 허탈했다. 물론 첫 브리프부터 함께하진 않았지만 그래도 프로젝트의 대부분을 같이 울고 웃었는데. 편집실과 녹음실을 오가며 함께 애쓰고 고민했는데. 단 한순간도 인턴이라는 이유로 진심을 다하지 않았던 적이 없었는데 말이다. '지금 너의 위치는 딱 여기까지야'라고 선이 그어지는 기분이었다. 하긴, 내가 오기 전에도 얼마나 많은 인턴이 이 팀을 거쳐 갔을까. 그중에서 난 그저 '인턴1' 정도겠지. 어쩌면 나 혼자 감격하고, 일방적으로 애정을 쏟아온 것일지도 모른다.

하루는 이런 날도 있었다. 제일기획 인턴을 마치고 몇 달 후, 내가 참여했던 프로젝트의 IMC* 행사로 성수 팝업스토어가 열린다는 소식을 들었다. 프로젝트의 끝까지 함께하진 못했지만, 그래도 첫 OT 때부터 지켜본 캠페인의 결과물이니 꼭 한번은 두 눈으로 보고 싶었다. 당시 바쁜 4학년 마지막 학기였지만, 미리 예약까지 걸어두고 추운 겨울날의 성수

* IMC(Integrated Marketing Communications): 광고, 프로모션, 팝업스토어 같은 현장 체험까지 아우르는 일관된 브랜드 커뮤니케이션 전략.

동으로 달려갔다.

몇 달 전 내가 있었을 때의 기획과는 꽤 달라진 것 같았지만 그래도 여전히 함께했던 흔적이 군데군데 남아 있었다. 그때 고민했던 그림과 카피가 여기저기 걸려 있는 공간을 보며 추억에 잠기려는 순간, 함께했던 팀 프로님들을 마주쳤다. 며칠 간의 행사 중에 딱 그 시간에 마주치다니 정말 기가 막힌 우연이었다. 반갑게 근황을 주고받으며 내가 떠난 뒤 진행된 프로젝트의 이야기도 나누었다.

그렇게 은근슬쩍 팀에 합류해 팝업스토어의 다양한 체험 콘텐츠까지 동행했지만, 함께 찍은 사진 속에는 혼자 뚝딱거리는 내가 있었다. 다섯 명 사이에 내가 낄 자리는 없어 보였다. VIP 출입증을 목에 건 선배들과 달리 나는 그저 일반 방문객이었으니까.

'나도 인턴이 아니었다면 저 관계자 출입증을 걸고 선배들과 함께 왔을 텐데.'

잠깐의 반가운 만남이 끝나고 팀원들은 뒤풀이 식사 자리로 향했고 나는 혼자 쓸쓸히 지하철로 귀가했다. 짧은 꿈에서 깬 것처럼 그렇게 우리는 다시 각자의 위치로 돌아갔다. 그

추운 겨울의 성수동 거리가 청승맞게도 유독 더 쓸쓸하게 느껴졌다.

인턴으로 일하는 동안 한 번씩 그런 순간들을 겪었다. 함께 일하지만 완전한 소속감을 가질 수 없다는 한계. 그러니 100% 슬퍼할 수도, 기뻐할 수도 없었다. 그 10개월 동안 나는 간간이 치밀어 오르는 외딴 느낌을 감내해야 했다. 여러 프로젝트의 온에어와 마무리를 축하하는 화기애애한 축제들 사이에서 나는 외롭게 피어나는 작은 서운함을 숨기는 법을 배웠다. 아직까지도 그때의 그 초라한 기분을 잊지 못한다.

떠날 날이 정해져 있는 한여름의 매미 같은 팀원. 가만 보면 인턴이라는 신분은 참 애매하다. 예전에는 그 이름만으로도 엄청 근사해 보였는데 말이다. 특히 대학교 1, 2학년의 눈에는 인턴으로 일하던 선배들만큼 멋져 보이는 이가 없었다. 하지만 내가 직접 인턴을 해보고 나서야 알게 됐다. 그 선배들도 나와 다르지 않았다는 걸. 나처럼 삐걱이고 쓸쓸함을 느꼈겠지. 학교에선 위엄 있는 선배, 회사에서는 그저 한 명의 인턴 꼬맹이. 그 간극이 이질적으로 다가왔다. 폼 나게 밥을 턱턱 사주던 그들도 사실은 쥐꼬리만 한 인턴 월급을 쪼개고

쪼갠 것이었으리라.

인턴이라는 이름에 로망을 가진 학교 후배들을 만날 때면, 나는 고개를 저으며 농담처럼 덧붙인다. 인턴 같은 거 하지 말고 그냥 바로 신입으로 시작하라고. 인턴이란 또 하나의 질긴 채용 과정은 몇 달간 이어지는 긴 시험과 다름없다고. 그러니 조금이라도 덜 고생하는 신입 공채로 들어오라고 말이다.

그 인턴 기간을 무사히 끝냈기에 이제야 웃으며 애기할 수 있는 거겠지만, 그만큼 나는 인턴에 진심이었다. 그보다 더 최선을 다할 수 없었다고 자신할 만큼 온 마음을 쏟았기에, 그 시간들이 이토록 고통스러운 기억으로 남아 있는 게 아닐까. 사랑한 만큼 아픈 것처럼 진심이었던 만큼 쓸쓸했다.

그리고 그 소속감에 대한 결핍이 나를 성장시킨 것도 사실이다. '꼭 이 팀의, 이 회사의 완전한 일원이 되어야겠다'는 독기가 정규직을 향한 집념이 되어주었으니까. 나도 당당히 TVCF 크레딧에 이름을 올리고, 함께 축배를 들 수 있는 사람이 되고 싶었다.

회사에 있다 보니 시간이 참 빠르다. 이곳에서 인턴을 했던

2022년 상반기 이후로 벌써 두 번의 후배 인턴 기수가 다녀 갔다. 함께 일할 기회는 없었지만 잠깐이라도 이야기를 나눌 때만큼은 최대한 친절하려 애썼다. 감사함과 외로움으로 하루하루 벅찰 그 마음을 누구보다도 잘 아니까. 말로 설명할 수 없는 그 어중간한 소속감은 아마 경험해본 사람만이 알 것이다.

인턴 교육 시간에 이런 말을 들은 적이 있다.

"인턴이라는 기간은 우리 회사가 여러분을 평가하는 시간이기도 하지만, 동시에 여러분이 우리 회사를 판단하는 시간이기도 해요. 그러니 짧은 기간 동안 너무 긴장한 채로 시험 보듯 있다 가지 마시고, 서로가 서로를 잘 알아갔으면 좋겠습니다."

그때 그 말이 얼마나 큰 위로였는지 모른다. 이전 회사에서부터 쌓여온 설움을 알아주는 느낌이었달까. 혹시라도 이 글을 읽는 인턴이 있다면 이 말이 자그마한 용기가 된다면 좋겠다. 때때로 밀려오는 소외감에 너무 기죽지 않기를. 그리고 그 마음이 훗날 결코 헛되지만은 않으리란 것도 꼭 믿어보기를.

명함과 입사뽕

명함이 나왔다! 제작된 명함을 수령하라는 우편실의 메일을 받자마자 허겁지겁 1층으로 달려 내려갔다.

세 곳의 회사에서 인턴을 했지만 나만 유일하게 없었던 그 작은 종이 한 장. 그토록 갖고 싶던 나의 명함. 이제 명함을 주고받는 외부 미팅 자리에서 빈 손으로 무안해하던 날들도 끝이다. 입사 후 복잡한 사내 결재 시스템을 얼추 익히자마자 가장 먼저 신청했던 나의 첫 명함이 드디어 내 손에 들어 왔다.

정신없는 우편실에서도 후광이 비치는 내 명함 박스를 찾는 건 그리 어렵지 않았다. 그 작은 상자를 품에 꼭 안아들고 서둘러 자리로 돌아왔다. 책상 위에 명함을 펼쳐두고 한참을 바라보았다. 다섯 가지 색의 알록달록한 명함들. 심혈을 기울여 수십 장의 사진을 찍었다. 감성에 젖은 구구절절한 글과 함께 인스타그램에 올리고도 들뜬 마음이 좀처럼 가라앉지 않았다.

신입으로 출근하고 며칠 간은 여전히 '인턴 시즌 2'인 것만 같은 어색한 느낌이었는데, 직장인의 상징인 명함을 손에 쥐고 보니 비로소 내가 정말 '프로'가 되었다는 사실이 실감 났다. 이름 석 자 아래 새겨진 'Art Director'라는 직함은 더 이상 내가 인턴도, 취준생도 아닌 진짜 아트디렉터임을 인증해주는 것 같았다. 큼직하게 박혀 있는 제일기획의 로고는 '이제 이 회사의 소속으로 너를 소개해도 좋다'고 허락해주는 듯했다. 이 명함은 단순히 나를 소개하는 수단 그 이상의 의미였다. 나라는 사람을 공식적으로 보증해주는 중대한 증빙 서류나 다름없었다.

명함이 생긴 뒤로 한동안은 만나는 사람마다 지갑에서 한 장씩 꺼내 건네주는 재미에 푹 빠졌다. 뒷면에 메모지처럼 인쇄된 네 줄의 선을 편지지 삼아 간단한 인사말을 적어 건네기도 했다. 명함을 받은 친구들은 하나같이 호들갑을 떨며 앞뒤를 꼼꼼히 살펴보고 감탄해주었다.

"올 도혜린~ 제일기획 아트디렉터~ 간지나는데!"

조금 민망하긴 했지만 내심 기분은 좋았다. 그렇게 한동안 휴대폰 뒤, 지갑 속, 책상 위 등 눈에 띄는 모든 곳에 명함을 두고 혼자 뿌듯해했다. Art Director, 제일기획, 도혜린. 이 세 단어가 조화롭게 함께 있는 걸 볼 때마다 마음이 차분해졌다. 이제는 이 셋 중 어느 하나도 뺄 수 없다는 사실이 나를 안심시켰다. 마치 공고한 자신감의 원천이라도 되는 것처럼.

그리고 그건 내가 꽤 오랫동안 앓았던 지독한 '입사뽕'의 시작이었다. 입사뽕, 누가 만든 말인지 몰라도 참 절묘하다. 신입사원 시절의 그 황금빛 콩깍지를 이보다 더 찰떡같이 표현할 수 있을까. 짧게는 한 달, 길게는 1년까지 유효기간은 사람마다 다르지만 조금의 입사뽕도 없이 신입 시절을 보낸 사람은 적어도 내 주변엔 한 명도 없다.

사회인으로서 가지는 첫 직업과 소속이라니, 이 얼마나 자랑스럽고 감격스러운가. 좋은 소식이 있어도 SNS에 잘 올리지 않는 나조차 그때만큼은 회사 앞을 지나가는 사람을 붙잡고 '제가 이 회사의 아트디렉터예요!'라고 자랑이라도 하고 싶었다.

돌이켜 보면 지금이라면 절대 하지 않을, 그야말로 신입스러운 짓들을 그땐 많이도 했다. 요즘은 모바일 사원증을 설치해 카드를 챙길 필요 없이 휴대폰만 들고 다니지만, 그때는 굳이 실물 사원증을 들고 다녔다. 증명사진 사이즈를 잘못 제출하는 바람에 머리만 둥둥 떠다니는 웃긴 얼굴이었는데도, 그렇게라도 내 사원증을 자주 확인하고 싶었고, 또 남들에게도 보여주고 싶은 유치한 마음이었다. 현장학습이라도 온 사람처럼 그 사원증을 목에 걸고 회사 곳곳을 포토 스팟 삼아 사진을 찍기도 했다.

또 밥 먹는 건 왜 그리 즐거운지! 고등학생 시절 급식 메뉴를 외우던 실력을 살려 사내식당 메뉴도 줄줄 꿰고 다녔다. 매일같이 군침 도는 다채로운 메뉴에 감탄하며, 아무도 궁금해하지 않을 내 점심 식단을 인스타그램에 올리기도 했다.

하지만 이제는 11시 반쯤 돼야 앱으로 대충 메뉴를 확인한다. 심지어 지하 특유의 식당 분위기가 질린다는 이유만으로 회사 밖에서 사치스러운 외식을 하는 날도 잦아졌다. 한남동의 사악한 물가를 감수하면서까지 어떻게든 회사를 벗어나 보려는 것이다. 그때는 삼시 세끼를 회사에서 먹어도 질리지 않았는데. 모든 게 새롭고 신나던 그 시절의 기억들은 어느새 전부 과거형이 되어버렸다.

나의 입사뽕은 이제 끝난 것 같다. 명함을 볼 때 더 이상 그때처럼 어깨에 힘이 들어가지도 않고, 나의 책상 앞이 새롭게 느껴지지도 않으니까. SNS에 취업을 자랑하는 후배들을 볼 때면 속으로 '좋을 때다' 싶은 마음이 드는 걸 보면 나의 '좋을 때'는 이제 지났나 보다. 하긴, 4년 차면 입사뽕이 빠질 때가 지나도 한참 지나긴 했다. 그래도 막상 그 사실을 인정하려니 새삼 아쉽고 서운한 마음은 뭘까. 영영 자라고 싶지 않은 철없는 아이 같다.

얼마 전, 어느 선배가 이런 농담을 했다.

"혜린 프로님, 이제 중견 아트디렉터가 다 되셨군요!"

4년 차에게 무슨 중견이냐며 징징거리듯 우는 소리를 냈지만, 마음속에선 여러 감정이 교차했다. 농담으로라도 중견이라는 단어를 붙일 수 있을 만큼 어느새 내가 이 일에 녹아 들었다는 뿌듯함. 반면 이제 더는 '신입 버프'를 받을 수 없다는 착잡함. 어리광을 부리면 웬만큼 용서받을 수 있었던 나의 깍두기 시절도 완전히 끝이다.

슬프지만 언젠가부터 신입사원들에게서 나와는 확연히 다른 공기가 느껴진다. 매년 공채 신입사원이 들어오는 2월과 8월, 우르르 무리 지어 다니는 '누가 봐도' 신입사원들을 볼 때면 확실히 그렇다. 분명 2년 차 초반까지만 해도 이런 기분은 전혀 못 느꼈는데 말이다. 풋풋함과 생기를 잃어버렸달까.

그래도 그 시절에 그렇게 마음껏 기뻐하고 자랑스러워하며 한없이 행복해하길 참 잘했다는 생각이 든다. 저 해맑은 신입사원들처럼 나 역시 그 벅찬 기분을 온 마음 다해 느꼈기에 지금까지도 가슴속에 생생히 남아 있다.

아무리 초심을 다잡고 자세를 고쳐 앉아보아도 돌아오지 않는 감정들이 있다는 걸, 학교를 졸업한 이후로 처음 알았다. 지금 돌이켜 봐도 그때만큼 향수를 불러일으키는 추억이 없다. 갤러리에 저장된 수십 장의 명함 사진, 아직 어색했던 동기들과 친목을 다지며 얼큰하게 취한 채로 찍어댔던 인생 네컷, 나름 열심히 꾸며본다고 책상 위 여기저기 붙여둔 자석과 스티커들. 별거 아닌 사소한 것에도 설레어한 모습들.

아직 인생 전체를 회고할 만큼 나이를 먹진 않았지만, 그래도 나름 살아보니 인생에 '풋풋하다'는 말을 붙일 수 있는 시기가 그리 많지 않은 것 같다.

이 글을 읽는 신입사원이 있다면 지금의 모든 생각과 기분을 사진이나 일기, SNS 어디든 꼭 기록해두기를. 이때만큼은 그 어떤 실수도, 과한 자랑질도 모두 합법이다. 유효기간이 길지 않은 그 시기를 마음껏 음미하며 만끽할 수 있기를.

2
그렇게 프로가 된다
— 지속 가능한 열정을 위해

열일곱의 초심

나는 디자인 특성화 고등학교를 나왔다. 딱히 뚜렷한 취업 계획이 있어서라기보다는 어차피 최종 목표는 회사원이었고 또 버젓한 대학을 갈 자신도 없으니, 차라리 좋아하는 그림과 디자인이나 제대로 해보자는 마음으로 선택한 학교였다. 보통의 인문계 학교와 가장 다른 점이라면, 수학과 과학 같은 이공계 과목들이 1학년 이후로는 아예 사라진다는 것이다. 대신 시각디자인, 창업, 3D 그래픽스 같은 실무 수업들을 하며 취업에 직결되는 공부를 했다.

중학교 때까지 유일하게 즐거웠던 수업은 미술뿐이었다. 그래서 그런 과목들만 듣는다면 모든 수업에 다 집중할 수 있을 줄 알았는데 현실은 아니었다. 제아무리 흥미로운 내용이라도 열일곱 여고생의 졸음을 막기란 역부족이었다. 혼자 그릴 땐 재밌던 그림도 막상 수업이 되니 지루하긴 매한가지였다.

그러나 그 따분한 수업들 중에서도 맨 처음 광고를 마주했던 순간만큼은 지금까지도 선명히 기억에 남는다. 시각디자인 수업 시간이었다. 광고인이라면 모를 수 없는 이제석* 님의 대표 작품을 보게 되었다. 거대한 건물 벽에 그려진 옥외 광고로, 굴뚝에서 나오는 연기를 권총의 총구와 연결시켜 '공기 오염이 사람을 죽일 수 있다'는 공익 메시지를 강렬하게 시각화한 광고였다.

대부분의 수업 시간을 책상에 엎드려 있던 나는 그때 처음으로 심장이 미세하게 두근거렸다. 광고가 이렇게 울림을 줄 수 있다니! 그 당시 내가 생각하던 광고는 그냥 TV를 틀면 나오는, 거리에서 흔히 볼 수 있는 소위 찌라시 같은 것이었

* 이제석: 사회 비판적 공익광고로 국제적 주목을 받은 한국의 크리에이티브 디렉터.

는데. 메시지를 담은 크리에이티브의 힘이란 바로 이런 것이 구나. 그 순간 나는, 단 한 장의 그림만으로도 사람들의 감탄을 자아내는 광고의 매력에 완전히 매료되었다.

그때는 모든 아이데이션이 그렇게 재미있었다. 특성화고 특성상 필수였던 포토샵 자격증 실습 시간에도 나는 광고를 만들었다. 집에 와서도, 누가 시킨 것도 아닌데 당시 격하게 덕질하던 아이돌 '위너'의 광고 포스터를 만들어보기도 했다. 혼자 카피도 끄적여보고 하면서. 지금 생각해보면 어쩌면 그 경험이 지금 내가 회사에서 하고 있는 시안 작업의 시작점인 것 같다.

그렇게 나는 3년 내내 진로희망 칸에 '광고 디자이너'를 적었다. 디자이너와 아트디렉터의 차이도 모르던 고등학생의 멋모르는 패기였다. 공부에 특출난 재능은 없었지만 그래도 부족한 디자인과 광고를 좀 더 공부해보기 위해 재수를 선택했다. 1년간 재수 학원을 다닌 게 무색하게 결국은 실기 전형으로 합격하긴 했지만 어찌 됐든 나는 대학에 갔다. 여전히 가슴속에는 광고 디자이너의 꿈을 품은 채로.

대학에 입학하자마자 학과 소동아리 'Ading'에 들어갔다.

정식 광고 수업이 없던 학과였기에 외부 연합 동아리라도 해야 하나 고민하던 차에, 과 내에도 광고 동아리가 있다는 반가운 소식에 망설일 이유가 없었다. 그리고 그곳에서 멋진 선배들을 여럿 만났다. 광고제에서 큰 상을 타고, 으리으리한 회사에서 인턴까지 한 전설 같은 선배들을 통해 본 광고는 고등학생 때부터 품어온 막연한 기대에 부응할 만큼 멋졌다. 그렇게 그들을 보며 '역시 광고하길 잘했어' 하고 내 선택을 확신했다. 광고를 제대로 해본 적도 없는 1학년 주제에 말이다.

공모전, 대외활동, 세미나 등 도움이 될 만한 건 닥치는 대로 했다. 그때는 정말 얼마나 진심이었는지, 갓 2학년이 되자마자 동아리장을 맡기까지 했다. 3학년 1학기가 끝나고 학교 선배의 소개로 인턴을 시작하게 되면서 휴학을 결정했다. 친한 동기들과 학기가 엇갈려 복학 후 함께 수업을 듣지 못할 것이 걱정되긴 했지만, 그래도 선택에 망설임은 없었다. 나는 하루빨리 이 일에 가까워지고 싶었으니까. 슬슬 지겨워지던 공모전이나 스터디가 아닌, 이제는 진짜 '광고 일'을 시작하고 싶었다. 그렇게 첫 번째 인턴은 자연스럽게 두 번째 회사의 인턴으로 이어졌고, 제일기획 인턴을 거쳐 정규직 전환까지 하게 되었다. 나름 순조롭게 단계를 밟아오며 지금에 이르렀다.

어쩌면 지독한 광고쟁이의 고루하기 짝이 없는 진로 탐색기일지도 모르겠다. 고등학생, 대학생, 그리고 지금의 신입사원까지. 내 초심은 단 한 번의 일탈 없이 차곡차곡 쌓여왔다. 여태까지 '이대로 가다간 단명할 수도 있겠다' 싶었던 적은 많지만, 적어도 '이대로 가다간 그만두겠다' 싶은 적은 한 순간도 없었다.

물론 학생 때 품었던 로망과 현업에서의 현실이 100% 일치하진 않는다. 그러나 크리에이티브 앞에서 뛰는 내 심장은 여전히 변치 않는 사실이다. 광고가 아닌 다른 일을 하고 있을 내 모습은 도무지 상상이 가지 않는다.

제일기획 신입 공채에 합격한 뒤, 그동안 인턴으로 함께했던 세 회사의 선배들에게 감사의 연락을 돌렸다. 그때 돌아온 답장들 중, 유독 잊히지 않는 한 문장이 있다.

"축하한다. 그래도 광고와 사랑에 빠지지는 말아."

수의사가 동물에게 너무 정을 주면 안 된다는 말처럼 광고라는 일에 매몰되지 않아야 오래갈 수 있다는 뜻이었을 것이다. 혹여라도 순수한 초심을 다치진 않을지, 너무 빨리 지쳐버리진 않을지 걱정하는 마음.

선배의 말이 맞다. 어느 정도 일정 거리를 두어야 크게 실망할 여지도 줄일 수 있으니 전혀 틀린 말이 아니다. 그러나 아이러니하게도, 동물을 진심으로 아끼는 마음이 있어야만 수의사가 될 수 있듯 이 일을 오래 하려면 근본적인 사랑이 있어야 한다고 생각한다. '그냥 한번 해볼까?'라는 마음만으로 버티기엔 광고 회사는 너무도 치열하고 잔인하다.

본래 광고라는 일이 누군가를 설득하는 일이기에, 결국 가장 먼저 자신을 설득해야 한다. 그래서 나는 나만의 명분을 단단히 붙들어둘 곳간을 마음속에 마련하기로 했다. 초심을 지킬 수 있는 유일한 연료는 초심뿐이라고 믿는다. 내가 신입사원이 되고 마주한 수많은 역경을 이겨낼 수 있었던 건 케케묵은 나의 시작점 덕분이었다. 당장 내일 오전에 있을 아이디어 회의를 위해 새벽 4시까지 머리를 짜내고, 납득이 안 되는 피드백을 붙들고 억지로 수정 방향을 고민해야 하는 고통스러운 순간마다 초심을 떠올리고는 한다.

지루했던 고등학교 수업 시간 속 유일하게 반짝였던 이제석의 광고. 우러러보던 멋진 대학 선배들. 그리고 그들과 함께 치열하게 꿈을 키워왔던 나날들. 그런 기억을 떠올리면 레퍼런스를 찾느라 빠질 것 같은 눈도, 몇 시간 동안 시안을 만드느라 욱신거리는 손목도 잠시 진통제를 맞은 듯 가라앉는다. 빼곡히 쌓인 그 기억들로부터 또 한 번, 다시 참고 버텨낼 힘을 얻는다.

누군가에게 울림을 주는 그 희열을 떠올리면, 지금 나를 힘들게 하는 이 아이디어도 언젠가 얼마나 근사해질지를 상상하게 된다. 그렇게 초췌한 몰골 속에서도 작은 불빛이 반짝 피어난다. 고작 이 정도 시련에서 무너지는 건, 마치 지금까지 나와 쌓아온 의리를 배반하는 듯한 느낌이다. 혼란스러울 때마다 나를 다잡을 수 있는 초심이 있다는 건 정말 감사한 일이다. 열일곱의 뜨겁고 순수했던 나, 그런 시절이 내게 있었다는 걸 떠올리는 것만으로도 든든하다.

때론 너무 힘든 날, 그만두고 싶은 마음이 불쑥 들 때가 있다.

'네가 좋아하던 거야! 그토록 하고 싶어 한 일을 지금 하고

있는 거라고. 정신 차려!'

고통스러운 지금 이 순간이, 몇 년 전의 내가 그 투박한 노력으로 꼬박 밤을 새워가며 이뤄낸 결과임을 잊지 않으려 한다. 물론 시간이 지나 연차가 더 쌓이면 지금의 이 마음이 바래질지도 모르겠다. 흔들리지 않는 초심이 어디 있겠는가. 설사 이 모든 게, 지금껏 쏟아부은 시간들이 헛되게 될까 봐 억지로 붙들고 있는 열정일지라도 상관없다. 적어도 지금은 내 초심을 의심하지 않기로 한다. 하루하루가 혼란스러운 신입사원의 나날 속에서 이 오래된 열정만큼 든든한 버팀목은 없으니 말이다.

나는 왜 회사라는
출발점이 필요한가

삼성 계열사의 모든 공채 신입사원은 본격적인 업무에 투입되기 전, SVP(Samsung Value Program)라는 그룹 신입 입문 교육을 받게 된다. 나 역시 2주 동안 연수원에서 합숙하며 삼성 그룹의 핵심 가치, 비즈니스 매너, 봉사활동 체험 등 다양한 활동을 이수했다.

솔직히 고백하자면, 난 그 시간을 성실하게 보내지 못했다. 연수원에 들어가기 전 후회 없이 놀아둬야 한다는 생각으로 무리하게 연달아 잡은 약속과 여행의 여파로 시작부터 체력이 반 토막 난 상태였다. 더욱이 이런 단체생활도 정말 낯설었다. 나는 최소한의 개인 시간이 반드시 필요한 사람인데,

24시간 누군가와 붙어 있어야 하는 생활 규칙은 내 에너지를 두 배로 소모하게 만들었다.

설상가상 추운 겨울날, 빵빵한 히터가 돌아가는 나른한 강의실은 수면실이나 다름없었다. 도저히 졸음을 참을 수 없던 나는 자꾸만 머리를 떨어트리며 꾸벅꾸벅 졸았다. 강당을 돌아다니는 진행 요원들이 내 어깨를 두드리며 여러 차례 깨웠다. 교육 기간 내내 잠과 사투를 벌이는 나를 보며 '얜 대체 뭐지?'라고 생각했을 것 같아 너무 부끄럽다.

그런 내가 눈을 반짝이며 집중했던 순간이 딱 한 번 있다. 그건 바로 중요한 강의도, 유명한 연사의 강연도 아닌 나와 같은 신입사원의 짧은 발표였다. 매일 졸음에 취해 뭐 하나 제대로 기억나는 게 없는 SVP였지만, 그 발표 하나만큼은 지금까지도 또렷이 기억에 남는다.

'Vision value'라는 프로그램 시간이었다. 팀 대표로 선발된 교육생들이 프레젠테이션 자료와 함께 자신의 비전을 발표하는 스피치 자리였다. 발표자 대부분이 무대공포증 따윈 모르는 듯 자신감 넘쳐 보였지만, 그중에서도 유독 기세가 남다른 한 명이 위풍당당하게 무대 위로 올랐다.

그 많은 사람들 앞에서도 전혀 주눅 들지 않던 그 이글거리던 눈동자가 지금도 선명하다. 그는 발표에 앞서, 삼성전자의 인사팀으로 입사했다고 자기소개를 했다. 대학 시절부터 사람에 대한 관심이 많아 다양한 동아리와 모임을 주최하며 자연스럽게 인사(HR)의 힘을 믿게 되어 여기까지 오게 되었다고 했다. 내향인인 나로서는 사람들을 모으고 이끄는 일이 재밌게 느껴질 수 있다는 사실부터 이미 충격이었지만, 그보다 더 흥미로운 이야기는 그다음이었다.

그는 나라를 바꾸고 싶을 만큼 큰 야망을 품고 있다며, 한 사람 한 사람을 관리하고 지원하는 인사 업무와 전체적인 방향을 설계하는 국가적 차원의 일 사이에서 꽤 오랫동안 진로 고민을 했다고 한다. 그렇게 생각하고 또 생각하다가 이런 결론에 도달했다고 했다.

'아, 나는 삼성의 인사팀이 되어야겠다. 지금 당장 나 혼자서는 대한민국 모든 기업의 HR 문화를 바꿀 수는 없겠지만 삼성은 할 수 있으니까. 삼성이 바뀌기 시작하면 다른 회사들이 주목할 것이고, 그럼 이 나라 전체가 움직일 테니까.'

그 확신을 가지고 삼성에 지원했다는 말을 듣는 순간, 졸고 있던 내 뒤통수를 세게 얻어맞은 기분이었다. 따뜻한 히터 바람에 한없이 쏟아지던 나른함이 순식간에 산산조각 났다. 발표가 끝나고 나는 여운에 잠긴 채 그 누구보다도 크게 박수를 쳤다. 대한민국의 인사 문화를 바꾸고 싶다는 그 거대한 포부 앞에서, 내 가벼운 각오 따위는 한없이 작게 느껴져 얼굴이 화끈거렸다. 본격적으로 일을 시작하기도 전에, 그는 자신이 왜 이곳에 있는지를 이미 명확히 알고 있었다.

그날 밤, 평소와는 다른 뒤숭숭한 기분으로 숙소 침대에 누웠다.

'나는 지금 왜 여기에 있을까? 무엇을 위해 그동안 그렇게 애써가며 취업 준비를 하고 이 신입사원 교육까지 온 걸까? 나에게 회사란 대체 뭐길래.'

머릿속에서 질문들이 끊임없이 맴돌았다. 광고는 고등학생 때부터 줄곧 동경해온 나의 로망이었고, 아트디렉터라는 직업 또한 오래도록 품어온 꿈이었다. 이런 나의 꿈에 대해서는 일말의 의심조차 없다. 하지만 그 꿈의 시작이 반드시 '회사'여야만 하는가 하는 근본적인 질문은 단 한 번도 해본 적이 없다. 그저 인턴 생활을 하던 대학 선배들이 멋있어 보였으니까. 모두가 그랬던 것처럼 대학 졸업 후엔 당연히 취업이니까. 그런 관성적인 인식 속에 나 역시 순응하며 따라왔을 뿐이었다.

머지않을 미래에 AI로 인해 수많은 직업군이 사라질 것이라고 한다. 설령 살아남는 직종이라 해도 그 업에 대한 정의가 송두리째 뒤바뀌겠지. 월급만으로는 서울에 집 한 채 마련하기 어려운 이 시대에 자아실현이나 돈 같은 애매모호한 이유만으로는 절대 회사 생활이 오래갈 수 없을 것이다. 자아를 실현하고 싶다면 굳이 그 시작이 회사일 필요는 없을 테고, 돈을 많이 벌고 싶다면 월급만 기다릴 게 아니라 투자나 재테크를 공부해야 한다. 이 두 가지 이유만으로 피바람이 부는 취업 시장을 뚫고 회사에 들어가기엔, 들인 노력과 시간에 비해 가성비가 떨어진다. 그만큼 불안정한 과도기의 시대니 말이다.

내가 몸담고 있는 광고 업계 또한 결코 피해 갈 수 없는 이야기다. 과거 TVC와 신문 광고가 주를 이루던 시절에야 광고 만드는 일이 광고대행사의 전유물이었다만 지금은 전혀 아니다. 광고와 콘텐츠의 경계가 모호해지고 기술과 다양한 매체 플랫폼이 발전하면서, 이제는 좋은 크리에이티브만 있다면 누구나 광고를 만들고 알릴 수 있는 시대가 되었다. 실제로 가벼운 소셜용 이미지 광고 한 장을 만드는 데는 챗GPT와 미드저니*, 그리고 이를 다룰 줄 아는 디자이너 한 명과 20분 정도의 시간이면 충분할 것이다. 이미 크몽 같은 플랫폼만 해도 개인 프리랜서 광고 제작자들이 넘쳐난다.

에브리타임에서 한동안 뜨거운 감자가 된 글이 하나 있다. '대학 생활 열심히 하고 스펙 쌓아서 대기업에 입사한 나보다 학점 낮았던 친구가 SNS로 몇백만 원 더 버는 모습을 보니 회의감이 든다'는 내용이었다. 이 게시물에 수많은 댓글이 달리며 살벌한 갑론을박이 벌어졌다.

이 논란의 글이 시사하는 바는 아마도 이런 것 아닐까. 이젠 더 이상 기업 입사의 이유를 돈이나 사회적 시선에서 찾으면 안 된다는 것. 공무원이 최고의 직장이던 시대가 이미 저물었듯, 대기업에 들어갔다고 인생이 탄탄대로라는 것도 어느새 옛말이 되었다. 앱 하나로 만든 30초짜리 SNS 영상

---

*미드저니(Midjourney): 이미지 생성을 주력으로 하는 생성형 인공지능 서비스.

하나가 한 달 치 월급과 맞먹는 수익을 올리는 시대다.

이런 현실 속에서 흔들리지 않으려면 회사에서만 얻을 수 있는, 돈으로는 살 수 없는 이유를 찾아야만 한다. 그런 이유를 마음 깊은 곳에 단단히 심어두지 않으면 이 복잡한 시대에 갈대처럼 흔들릴 게 뻔하다. 그러니 회사에 진득이 마음 붙이고 다니기 위해서는, 내가 하고 싶은 일이 회사 안에 있어야만 하는 분명한 근거가 필요하다.

그렇다면 나는 광고인으로서의 시작이 왜 회사여야 하는가? 입사 전에 진작 했어야 할 이 질문을 나는 뒤늦게 스스로에게 물었다. 대한민국을 바꾸기 위해 입사했다는 그처럼 나역시 이유를 찾고 싶었다. 금방 지쳐 나가떨어지지 않을 나만의 명분을.

내가 이 회사에 온 이유는 대기업의 연봉도, 복지도, 회사의 간판도 아니었다. 오랜 시간 고심한 끝에 찾은 나만의 답은 바로 '소속감'이었다. 대학 시절, 혼자서 머리 싸매고 며칠을 고군분투하는 것보다 좋은 동료 한 명이 열 배는 더 도움된다는 사실을 뼈저리게 느꼈다. 여러 팀플을 거치며, 아무리 열심히 해도 혼자서는 결코 볼 수 없는 것들이 있다는 것을 알게 된 후로 나는 언제나 함께할 사람들을 찾아다녔다. 내가 부족한 부분을 채워줄 수 있는 사람들이 곁에 있어야 비로소 마음이 놓였다. 일에 대한 책임감을 함께 나눌 수 있는 사람들이 있다는 게 얼마나 든든한지 모른다.

그런데 회사에는 그런 유능한 사람들이 수백 명씩 모여 있다. 특히 광고 회사는 모든 프로젝트가 거대한 팀플인 데다가, 그 팀원들이 광고계에서 이름난 실력 있는 선배들이라니. 나는 내 첫 시작이 왜 회사여야 하는지에 대해 더 이상 물을 필요가 없어졌다. 꼭 거창한 성장을 위해서가 아니라 나의 수동적 성격과 팔로워 기질 때문에라도 난 함께할 선배와 동료들이 절대적으로 필요했다.

내 성향과 가치관을 하나하나 따져보니 나만큼 회사라는 조직에 잘 맞는 사람도 없을 것 같았다. 그렇게 스스로에 대한 진단을 끝낸 뒤로는 지금껏 단 한 번도 '내가 이곳에 있는 게 맞는 선택인가' 하는 의심을 가져본 적이 없다.

꼭 어딘가에서 일을 해야만 한다면 나는 앞으로도 회사 안에서 성장하고 싶다. 우리나라 광고계의 큰 축이 되는 이 회사 안에서, 함께 성장할 사람들과 어깨를 나란히 하며 그 속에서 스며들듯 나아가고 싶다. 아무리 개인의 경쟁력이 커지고 기업의 위상이 예전 같지 않다고 해도 나처럼 성장과 소속감에 목마른 풋내기들이 있는 한, 회사는 여전히 누군가의 꿈이자 이유가 될 것이다. '전체는 부분의 합보다 크다'는 말이 지금 나에게는 유효하다.

레퍼런스는 다다익선

"책상이 이게 뭐야! 제발 좀 치우고 살아!"

내 자리를 찾아온 사람들에게 꼭 한 번씩은 듣는 말이다. 난장판인 책상에 경악하며 잔소리를 하면 난 그저 머쓱하게 머리만 긁는다. 해명하자면 절대 위생적으로 더러운 건 아니고, 책상에 여백이 없을 정도로 뭐가 많이 쌓여 있을 뿐이다.

나는 버리는 걸 잘 못한다. 작은 초콜릿 포장지 하나도 예뻐 보이면 몇 달이고 둔다. 중요한 건, 모두 내 시야에 있어야 한다는 것. 어떤 물건이든 손 뻗으면 닿을 수 있는 위치에 있어야 맘이 놓인다. 그래서 늘 차고 넘치는 책상과 달리, 서랍은 텅 비어 있다.

인턴 때도 마찬가지였다. 고작 몇 주, 몇 달 뒤면 떠날 인턴들은 보통 자리가 허전한 편이지만 난 아니었다. 업무 자료, 간식, 잡화 등 온갖 물건들을 깔아둔 덕분에, 함께했던 인턴 동기 언니가 "거의 5년 차 책상 같다"고 했을 정도로 복잡했던 내 책상은 인턴 치고 꽤 거대한 존재감을 뽐냈다.

그런데 재밌게도 이 때문인지 "네 책상엔 뭐라도 있을 것 같다"며 필요한 물건이 있을 때마다 내 자리를 찾아오는 분들이 많았다. 이전 프로젝트의 자료가 갑작스레 필요할 때면 회의 페이퍼들이 차곡차곡 쌓여 있는 내 자리를 찾았다. 간식을 먹을 때는, 배달 음식을 시킬 때마다 남는 일회용 수저를 쟁여둔 게 요긴했다. 내 복잡한 책상은 모두에게 아카이브 폴더 같은 존재였다.

손 닿는 곳에 물건을 두는 환경. 그건 내가 아트디렉터로서 일하는 방식이기도 했다. 이런 만물상 같은 성격은 새로운 프로젝트를 시작할 때마다 꽤 도움이 됐다. 특히 3학년 여름방학, 맨 처음 인턴으로 근무했던 첫 회사에서의 경쟁 PT 프로젝트가 그랬다. 아직 출시 전인 모바일 게임의 런칭 캠페인을 따내야 하는 꽤 큰 규모의 경쟁 PT였다.

빠듯한 준비 기간 때문에 서둘러 아이디어 회의를 거쳐 대략적인 덱 구성을 정리했다. 나에겐 C안 아이디어에 필요한 영상 레퍼런스들을 찾는 일이 주어졌다. 사전 예약과 런칭 필름 각각에 쓸 목적으로, 게임에 대한 기대감을 고조시킬 수 있는 영상과 무언가를 정성껏 준비하는 장면의 몰입도 있는 영상을 찾는 미션이었다. 기껏해야 이미지 합성 몇 장 정도 하면 되는 건 줄 알았는데 예상 밖의 요청에 당황스러웠다. 경쟁PT에서 레퍼런스는 보통의 아이디어 제안에서보다 훨씬 더 중요한 역할을 하기 때문이다.

제한된 PT 시간 안에 광고주에게 콘티 한 장 한 장 설명할 시간이 없기 때문에, 이때는 가편집된 시안 영상을 제작해 보여주는 경우가 많다. 주로 스탁* 소스와 레퍼런스가 될 수 있는 기존 영상을 섞어 편집하는 방식이다. 아직 시안 단계이기에 촬영을 하거나 2D, 3D로 새로 제작하는 것은 비용과 기간 측면에서 거의 불가능하다. 따라서 '이런 식으로 만들겠

• 스탁(stock): 미리 제작된 이미지, 영상, 음악 등 다양한 콘텐츠를 구매하여 광고에 활용하는, 상업적으로 라이센스가 제공된 자료.

다'는 일종의 샘플이자 이후의 가이드가 되어줄 수 있는 영상, 즉 레퍼런스 영상은 필수다. 이렇듯 레퍼런스의 퀄리티는 곧 PT 시안 자체의 완성도와 직결되는 문제인데 그런 중요한 임무를 맡으라니.

한 달도 채 안 된 인턴이었던 내겐 당연히 그런 절묘한 레퍼런스를 찾는 노하우 따위는 없었다. 대충 어떤 느낌을 원하는지는 알겠는데 그걸 '어떻게' 찾아야 할지 도저히 감이 오지 않았다. 당시 내가 할 수 있는 건 유튜브와 구글에 '웅장한 광고' '섬세한 광고' 같은 허접한 수준의 키워드로 검색하는 게 최선이었다. 그리고 당연히 이런 검색어로는 원하는 퀄리티의 레퍼런스를 찾을 수 있을 리 없다.

지금이야 TVCF나 소스크리에이티브* 같은 광고인들의 주요 레퍼런스 사이트들도 알고, 그런 그림이 많을 것 같은 해외광고 전문 아카이브 채널을 먼저 찾아보는 등 좀 더 스마트한 꼼수들을 알고 있지만, 당시 내게는 아무도 그런 방법

* 소스크리에이티브: 전 세계 광고 레퍼런스를 한눈에 볼 수 있는 광고 크리에이티브 데이터베이스 플랫폼.

을 알려주지 않았다. 그러니 당장 급박하게 영상을 찾아야 했던 내가 믿을 수 있던 건 오로지 내 머릿속과 허접한 검색 실력밖에 없었다.

나는 무작정 자료 창고들을 뒤지기 시작했다. 우선 4개의 인스타그램 계정 중 크리에이티브용 계정에 들어가 그간 저장해둔 영상들을 훑었다. 다행히 평소 공모전을 준비하고 스터디를 했던 덕분에 그나마 쓸 만한 레퍼런스 몇 가지는 건질 수 있었다. 하지만 그것도 한두 개뿐이라 광고가 아닌 다른 분야의 영상들도 닥치는 대로 찾아냈다. 그렇게 짜낸 몇몇 그림들과 허접한 유튜브 검색으로 찾아낸 영상들을 최대한 모아 CD님에게 드렸다.

이것저것 긁어모은 레퍼런스들은 유형도 다양했다. 영화 〈토이 스토리〉에서 장난감 정비사가 우디의 몸을 정성스레 고치는 씬, 붓으로 한 땀 한 땀 유물을 발굴하는 고고학자들이 나오는 다큐멘터리 등 의도한 건 아니었지만 어쩌다 보니 광고가 아닌 다른 분야의 영상들이 더 많았다.

그리고 놀랍게도 그중 하나가 채택되었다. 드라마 테마곡 메들리를 피아노로 연주한 커버 영상이었다. 거대한 협곡 한

가운데서 홀로 피아노를 연주하며 절정으로 치닫는 장면은, 게임의 런칭을 꽤 드라마틱하게 보여줄 수 있을 법한 강렬한 그림이었다. 그 영상은 게임 풋티지* 장면들과 함께 멋지게 편집되어 그럴싸한 사전예약 필름의 시안으로 C안에 함께 실렸다.

그리고 그 경쟁PT에서 우리 팀은 승리했다. 물론 광고주가 C안을 고르진 않았던 것 같지만 그래도 첫 경쟁PT에서 내가 찾은 첫 레퍼런스가 이렇게라도 기여했다는 게 기뻤다. 그땐 정말 아무것도 모르던 시절이라 그게 얼마나 큰일인지 몰랐는데 이제 와서 돌아보니 그게 얼마나 기특한 일이었는지 체감된다.

레퍼런스 서치는 모든 아트디렉터의 숙명이다. 제안하는 아이디어가 실제로 어떻게 구현될지, 머릿속에 그리는 결과물과 가장 비슷한 사례를 찾아내는 것은 아트디렉터의 중요한 능력이다. 그만큼 레퍼런스는 아이디어의 설득력을 좌우하는 결정적 요소인데, 한 달 차 인턴의 레퍼런스가 경쟁PT

• 풋티지(footage): 영상 콘텐츠 제작에 쓰이는 원본 소스 자료.

에 기여했다는 건 칭찬받아 마땅한 일이다.

그렇게 PT의 승리를 만끽하며 함께 맛있는 점심을 먹고 들른 카페에서, 팀의 아트님 한 분이 물었다.

"혜린 아트는 영상을 참 다양하게 잘 찾더라. 레퍼런스들은 주로 어디서 찾아?"

방법도 몰라 어떻게든 뒤죽박죽 모아본 것뿐이었는데 왠지 머쓱하면서도 뿌듯했다. 이게 다 평소 무작위로 스크랩해둔 인스타그램 영상들과, 특별한 취향 없이 두루두루 챙겨본 영화와 방송들 덕분이니 그 공은 내 맥시멀리시트 같은 성격에 있다고 본다.

이렇게 된 김에 맥시멀리스트의 자료 수집을 도와줄 든든한 장비도 마련했다. 인쇄 촬영 데이터나 원고 작업 파일처럼 초대용량 파일들을 주고받아야 하는 아트디렉터에게 외장하드는 필수다. 하나로는 턱없이 부족해서 데이터 백업용과 레퍼런스용으로 구분해 사용하고 있다. 하지만 용량이 차는 건 시간문제다. 한 프로젝트가 끝날 때마다 방대한 자료들이 쌓이니까. 10만 원이 훌쩍 넘는 2TB 외장하드의 가격은 조금 부담스럽긴 해도 마음만큼은 든든하다.

이제는 레퍼런스를 찾아야 할 때 전처럼 막막하지만은 않다. 예전에는 아이디어를 먼저 생각하고 거기에 맞는 비주얼을 찾아 헤맸지만, 지금은 두둑한 레퍼런스 창고가 있으니 역으로 그림을 먼저 보다가 그에 어울릴 아이디어를 붙이는 순서로도 가능해졌다. 뭐가 좋고 나쁜지 알아볼 눈이 없어서 무작정 모아둔 것들이 어느새 커다란 자산이 되었다.

인턴 생활을 하며 만난 많은 아트디렉터 선배들이 이런 조언을 해주었다. 광고가 아닌 다른 곳에서 비주얼 레퍼런스를 찾는 버릇을 들여보라고. 카피의 흐름이나 메시지의 구조 같은 부분은 기존 광고들을 참고하되, 비주얼만큼은 광고가 아닌 곳에서 찾아올 때 새로운 게 나올 확률이 높다고. 나는 운 좋게도 그런 케이스를 첫 회사에서부터 경험할 수 있었던 것이다.

옛날엔 짧은 시간 안에 멋진 그림을 함축하는 광고라는 매체에 좋은 그림이 더 많았다지만, 요즘은 넷플릭스만 열어봐도 웬만한 레퍼런스는 다 찾을 수 있다. 넘쳐나는 정보와 자료, AI로 인해 전문가 허들이 무색해진 지금은 인터넷에 더 좋은 자료들이 많다.

이토록 양질의 레퍼런스로 포화 상태인 요즘 세상에서 최적의 하나만을 골라내는 건 경험과 안목이 쌓여야 가능한 일이다. 그러기 위해 신입에게 필요한 건, 이것저것 다양하게 모아보고 적절히 배치하는 연습이 아닐까. 신입에게는 최적의 레퍼런스를 판단할 내공이 아직 없으니 말이다.

어떤 레퍼런스가 더 좋은지 직관적으로 알아보는 건 아직 어렵지만 이거 하나만큼은 확신한다. 레퍼런스는 많으면 많을수록 다양하면 다양할수록 좋다는 것. 크리에이티브에 있어 레퍼런스는 다다익선이다. 이것저것 각종 물건들이 쌓여 있는 산만한 내 책상이나 외장하드도 앞으로 정리할 생각이 없다. 정리는 못 해도 저장만큼은 내 특기니까. 언제 어디서 또 나의 잡동사니들이 요긴하게 쓰일지 모른다.

취향의 경쟁력

'좋은 게 좋은 거다.'

내 삶의 모토였다. 좋은 말로는 평화주의자지만 사실은 지독한 회피형. 약속 장소나 함께 볼 영화 같은 사소한 것이라도 뭔가를 고르고 결정하는 건 늘 어렵다. 이건 이래서 좋고 저건 저래서 좋다며 고개만 끄덕일 뿐, 사실 지금까지 뭐 하나 확신을 갖고 고른 적이 없었다.

대학 시절 포트폴리오를 만들 때도 그랬다. 수십 개의 작업물들을 정리하는 것보다 표지와 자기소개 페이지 두 장을 만드는 게 더 어려웠다. 무슨 말로 나를 설명해야 할지 한참을 고민해야 했다. 나 스스로에 대해서도 잘 모르는데, 내가 뭘 잘하고 어떤 걸 좋아하는지 어찌 알겠나. 그만큼 나는 딱히 취향이랄 게 없는 사람이었다.

그렇다고 그런 내 모습이 싫었다는 말은 아니다. 어떻게 보면 이런 성격 덕분에 어떤 그룹에서도 무던히 어울릴 수 있었으니까. 수동적인 성격을 나름의 강점으로 잘 승화시켰다고 생각하며 살았다. 이 머리 아픈 광고라는 일을 시작하기 전까지만 해도 말이다.

무던하게 이거저거 잘하는 내 강점은 광고 일을 본격적으로 시작하면서부터 문제를 드러내기 시작했다. 절대 오버하지 않는 내 성격처럼, 내 아이디어도 그냥 무난한 선에 머무르기만 했다. 사실 짬이 부족한 인턴이나 신입 땐 틀리더라도 일단 던져보는 용기가 필요한데, 나는 조금이라도 위험 요소가 보이면 지레 겁부터 먹었다.

그런 모습은 회의 자리에서도 고스란히 드러났다. 신입으로 어느 정도 자리를 잡은 뒤에는 일반적인 아이디어 제안에서 내 아이디어의 성공 타율은 나쁘지 않았다. 광고주가 준 가이드를 절대 벗어나지 않는, 소위 '안전빵'인 아이디어가 대부분이었기에 최종 제안까지 무난하게 올라가는 경우가 많았다. 하지만 경쟁PT처럼 정말 강력한 한 방이 필요할 땐 매번 속수무책이었다.

경쟁PT 때는 여러 경쟁사 사이에서 묻히지 않을 뾰족한 아이디어가 필요하다. 광고주의 브리프를 다소 벗어나더라도, 그들이 미처 생각지 못한 허점을 찌르는 크리에이티브가 오히려 힘을 발휘하기 때문이다. 안전 지향적인 내 안들은 처참히 밀렸고 다른 사람의 안이 채택되기 일쑤였다. 평타의 미덕을 고수하던 내 장점이 단점이 되어버린 것이다.

이런 나와는 정반대의 사람이 있었다. 이전 팀에서 함께 일한 사수님이었다. 그때 한 브랜드의 '보안'을 강조해야 하는 TVC 캠페인을 맡은 적이 있다. 나는 광고주가 준 브리프에 충실하게, 보안을 어떻게 더 강력하고 안전하게 표현할 수 있을지만 붙들고 있었다.

하지만 사수님은 접근부터 달랐다. 개인정보를 하나의 보물에 비유해 동화 같은 '보물찾기' 세계관의 콘티를 가져온 것이다. 그 콘티를 보고 있자니 꼭 넷플릭스 시리즈 〈기묘한 이야기〉 한 편을 본 듯한 기분이었다. 그 말도 안 되는 상상력이 정말 충격적이었다. 광고주가 준 가이드 방향은 무시하고 그냥 본인이 재밌는 걸 해온 것처럼 보였지만, 이상하게도 전혀 거슬리지 않았다. 왜냐면 그 리스크를 감수할 만큼 매력적인 스토리였으니까.

그 앞에서 내 아이디어는 너무도 흐리멍덩해 보였다. 그냥 고지식한 모범생처럼 '내 정보는 온전히 나의 것~' 같은 밋밋한 카피라니. 아무리 아이디어에 정답이 없다고는 하지만 이건 따져볼 것도 없는 완패였다. 그때 완전히 깨달았다. 픽션을 좋아하는 사람은 뻔한 소재로도 한 편의 영화를 만들어 올 수 있다는 걸. 사수님은 오랜 시간 픽션을 사랑하며 쌓아온 취향이 있었고, 그 취향은 어떤 주제 앞에서도 그만의 세계관을 만들어내는 자산이 되었다.

돌이켜 보면 그분은 언제나 한결같이 자기 취향이 분명한 사람이었다. 좋은 아이디어 앞에서는 눈을 반짝이며 박수를 치고, 별로인 아이디어 앞에서는 급격히 표정이 어두워지는. 그 반응만으로도 어떤 스타일을 선호하고 싫어하는지 알 수 있을 만큼 소나무 같은 취향을 갖고 있었다. 그래서일까. 지금까지도 뭔가 새로운 스토리나 세계관이 필요한 캠페인을 보면 가장 먼저 그분이 떠오른다. '이 캠페인, 프로님이 참 잘

하실 것 같은데’ 하고.

취향이 뚜렷한 사람들은 금세 떠오른다. 맛있는 빵집을 발견했을 때, 빵에 미쳐 있는 빵순이 친구가 바로 생각나듯이. 어떤 프로젝트가 들어왔을 때 ‘아, 이건 누가 제격인데’ 하고 자신을 찾게 만드는 것. 브랜드의 감성적인 메시지가 필요한 건에는 책을 자주 읽는 카피라이터가, 기깔난 미장센의 비주얼이 필요한 건에는 고전 영화 마니아인 아트디렉터가 떠오르는 것처럼 말이다.

확고한 취향은 남들의 머릿속에 또렷이 새겨지기 마련이라 그 취향은 결국 ‘자신을 가장 먼저 찾게 만드는 힘’이 된다. 그게 바로 이 업계에서 아트디렉터와 카피라이터가 가져야 할 존재감이자 역량이기도 하다. 반대로 무색무취인 사람은 그 어떤 건에도 떠오르지 않는다. 나도 지금처럼 애매하게 중립만 고수하다가는 이도 저도 아닌 그저 열심히만 하는 신입이 되고 말 것이다.

그렇다면 나는 어떤 취향을 가진 사람이 될 수 있을까? 가만 생각해보면 나는 밈에 빠삭하고, 릴스와 틱톡에 늘 과몰입해 있다. 유행의 흐름을 민감하게 읽고 그래서 트렌디함에 더 집착하기도 한다. 어쩌면 이게 내 취향의 단초일지도 모르겠다. 바이럴이 필요한 캠페인이나 '요즘 애들은 뭘 좋아하더라?'라는 질문 앞에서 가장 먼저 떠오를 수 있는.

아트디렉터는 쌀 한 톨의 아이디어를 팔아도 금을 팔 듯해야 한다. 온갖 현란한 자료와 프레젠테이션 스킬을 총동원해도 모자란 게 이 일이다. 그러지 않으면 무형의 아이디어를 누군가에게 설득시키기가 절대 쉽지 않다. 아직 이 세상에 존재하지 않는 그림일지라도, 내 머릿속에는 이미 다 그려져 있는 것처럼 보여줘야 한다.

그러기 위해 필요한 건 자기 확신이다. 내가 좋아하고 잘하는 분야에서 두텁게 쌓인 취향으로 비롯된 확신. 아트디렉터가 아이디어 앞에서 가져야 할 가장 중요한 태도는 그것이 정답이라고 믿는 흔들림 없는 자신감일 것이다. 자신조차 속이지 못하면 누구도 속일 수 없다. 스스로에 대한 믿음이 없는 사람의 말은 설득력이 없다. 고집 없는 아트디렉터는 자신의 아이디어와 그림을 지켜낼 수도 없다. 이것도 좋고 저것도 좋다는 모호함이 아니라 '나는 이게 맞다'고 강단 있게 끝까지 밀어붙일 수 있는 태도가 무엇보다 중요하다.

과거의 난 '여덟 번 실패하고 두 번 성공하는 사람보다 열 번 다 평타를 치는 게 낫다'고 믿었다. 하지만 이 일은 그런 내 모토를 박살 냈다. 이제는 안다. 몇 번쯤 실패해도 좋으니 한 방의 내 것이 있어야 한다는 걸. 그리고 그 한 방이 사람들에게 나를 각인시키고, 또 다음 기회를 불러온다는 것을.

일상 속의 나는 여전히 결정 장애다. 친구들과 메뉴 고를 때조차 의견 하나 제대로 못 내지만, 적어도 이 일을 할 때만큼은 목소리를 내보려 한다. 언젠가 어떤 캠페인 앞에서 누군가가 주저 없이 이렇게 말할 수 있도록.

"아, 이건 개가 딱이지!"

신입의 1인분이란

기진맥진한 몸으로 퇴근한 수요일 밤, 거실 소파에 누워 아빠와 함께 〈유퀴즈〉를 보고 있었다. 이제는 예능인으로 더 익숙한 김대호 전 아나운서가 나오고 있었다. 휴대폰을 보며 TV 소리를 흘려듣던 내 귀에 갑자기 꽂힌 말.

"왜 꼭 1인분을 해야 하는지 모르겠어요. 난 0.2의 인간일 수도 있거든요. 1.8을 하는 사람이 분명 있거든요."

열변을 토하는 김대호의 뻔뻔한 표정과 말투에 유재석이 황당한 표정으로 쳐다보다 장난 치듯 멱살을 잡았다. 아빠는 "저런 생각을 가진 팀원이 있을까 두렵다"며 기겁을 하셨지만, 뒤에서 키득거리던 나는 깊은 감명을 받았다. 어떻게 저런 발상을 할 수가!

매주 〈나 혼자 산다〉를 챙겨 보는 엄마 덕분에 나도 옆에서 슬쩍 보게 될 때마다 범상치 않은 사람이라고 어렴풋하게 느끼긴 했지만, 그 인터뷰를 보는 순간 확신했다. 광고계에서 탐낼 만큼 크리에이티브한 인재라는 것을. 사람마다 1인분이 다를 수 있다니. 그 유쾌하면서도 인사이트 넘치는 시각에 감탄하다가 문득 이런 생각이 들었다.

'아, 저 이야기를 딱 1년 전에 들었다면 좋았을 텐데!'

따끈따끈한 신입이었던 그때의 내가 들었다면 정말 큰 위로가 되었을 텐데. '1인분'에 집착하며 홀로 심연으로 파고들던 그 암흑기에 말이다.

2023년 겨울, 갓 신입이 된 나는 한 달 간의 입사 교육을 마치고 정식 팀 배정을 앞두고 있었다. 길고 긴 10개월의 인턴 생활도 끝났겠다, 이제는 한 팀의 당당한 팀원이 된다는 사실에 마음이 웅장해졌다. 인턴 시절 그토록 바라던 소속감이 바로 눈앞에 다가와 있었다. 물과 기름처럼 애매하게 팀에 섞일 수 없던 인턴이 아니라, 이제는 진짜 팀의 일원으로서 1/n의 책임을 나누고 싶었다.

그토록 고대하던 프로로서의 첫 시작이었건만 막상 팀에 합류한 내 모습은 기대와는 사뭇 달랐다. 어벤져스처럼 완벽한 최강의 팀워크까지는 바라지도 않았지만, 그래도 최소한 인턴 시절에 봐왔던 것만큼 팀원들과 똘똘 뭉쳐질 줄 알았는데 중간 투입이 된 나는 팀에서 묘하게 겉돌고 있었다.

이미 한창 굴러가고 있던 프로젝트들은 나 없이도 알아서 바삐 돌아갔고, 당장 내게 주어지는 일들 중에는 제대로 된 일이 없었다. 사수님에게 우리 팀의 주요 프로젝트에 대해 간단히 인수인계를 받긴 했지만, 막상 내게는 그와 무관한 잡다한 일들만 주어져 은근히 자존심이 상하기도 했다. (지금 생각해보면 팀에 합류한 지 고작 며칠 되지도 않은 신입이 일의 우위를 제멋대로 나누는 것부터가 지극히 철없는 생각이었다만, 그땐 정말 그랬다.)

신입의 포부를 갖고 야심 차게 시동을 걸었는데 한순간 맥이 빠졌다. CD님과 사수님은 눈코 뜰 새 없이 바쁜데 나만 덩그러니 놀러 온 사람처럼 느껴졌다. 당시 우리 팀의 자리는 옆으로 나란히 앉는 일렬 배치였는데, 복도 맨 끝자리에 앉은 나는 맨 안쪽 CD님 자리에서 사수님과 둘이서 정신 없이 모니터를 보며 얘기를 나누고 있을 때마다 뒤늦게 발견하고 급히 일어나 그 뒤를 서성이곤 했다.

그럴 때마다 CD님은 웃으며 별일 아니라고 나를 자리로 돌려보냈다. 당장은 내가 필요한 일이 없으니 일단 이전 프로젝트 제안서라도 보고 있거나 아니면 2층 도서관에서 책이라도 빌려 읽으라고 했다. 물론 지금이야 그 말이 아직 화장실 위치조차 낯선 신입의 적응을 위한 배려였다는 걸 너무도 잘 알지만, 그때는 그 말이 그렇게 씁쓸할 수가 없었다. 소외감에 괜한 자격지심까지 섞여 '지금 네게 기대하는 건 아무것도 없으니 그냥 가만히 있으라'는 말처럼 들렸다.

모니터에 비친 멀뚱한 내 모습을 보니, 어째 인턴 시절에서 조금도 벗어난 게 없는 것 같아 속이 타 들어갔다. 그럴 때마다 '아직 합류 초반이니 너무 조급해하지 말자'며 마음을 겨우 다스렸다. 그저 시간이 빨리 흘러가기만을 기다리는 수밖에 없었다. 본격적으로 프로젝트에 투입되기만 하면 모든 게 자연스레 해결될 거라고 되뇌면서.

실제로 몇 주 간의 적응기를 지나자 바라던 대로 팀에 섞여 정신없이 바빠지긴 했다. 그렇지만 부유하는 그 기분이 완전히 사라진 건 아니었다. 매사에 막힘 없는 멋진 선배들 사이에서, 나는 여전히 스스로가 한없이 작아지는 순간들을 종종 마주쳐야 했다.

결과물 속에 내가 기여한 명확한 흔적을 남겨야만 내 존재 가치를 증명할 수 있다고 믿었는데, 신입으로서 무언가를 비중 있게 해내기란 열정 어린 마음만큼 쉽지 않았다. 애초에 신입이 하는 일이라는 게 주로 선배들을 보조하는 것이기도 하고, 그렇다고 신선한 아이디어를 척척 내는 것도, 커뮤니케이션이 능한 것도 아니었다. 의욕만큼 따라와주지 않는 성과에 어깨가 조금씩 움츠러들었다.

인턴을 너무 오래 해서였을까. 신입은 뭔가 다를 거란 기대가 너무 컸던 탓일까. 정식 팀원이 되면 나도 선배들만큼의 몫을 해낼 수 있으리라는 환상을 품었던 탓일까. 크게 바뀐 것 없는 내 일은 여전히 너무도 작고 하찮아 보였다.

팀이 성과를 이루어도 내 것 같지가 않았다. 그래서 주변에서 축하 인사를 받아도, 나는 한 게 없다며 모든 공을 CD님과 선배들에게 돌리곤 했다. 내가 팀에 도움되지 못하는 것 같다는 기분이 차오를 때면 그 열등감을 떨쳐내려 더 악바리로 일했다. 그러다가 또 그만큼 따라와주지 않는 결과에 실망하고, 다시 또 불타오르고, 또 실망하고… 이 악순환에 빠져 한참을 허우적대던 그런 시기가 있었다.

하지만 어느 순간부터 작고 조용했던 내 역할이 팀 안에서 자리를 잡아가기 시작했다. 사소해 보이던 내 쓸모가 곳곳에서 제 빛을 냈다.

"혜린 프로, 아까 회의 마지막에 AE 팀장님이 A안 피드백을 뭐라고 했지?"

"시간 없는데, 혜린 프로가 아까 만들어뒀던 게 있으니까 일단 그중에서 골라 넣자."

회의 시작부터 끝까지 작은 농담 하나도 빠짐없이 받아 적으며 미련할 정도로 회의록을 정리했던 일. 별거 아닌 작은 그림도 혼자 시도해본 일. 그 모든 것이 어느 순간 팀에 꼭 필요한 일이 되어 있었다.

돌이켜 보면 그 일들이 결코 덜 중요한 일도 아니었는데 그때의 나는 무의식적으로 스스로를 너무 하찮게 여겼던 것 같다. 나보다 수백 번은 더 많은 아이디어를 내고, 몇 배의 경험과 안목을 가진 선배들만큼 하지 못한다고 스스로를 1인분도 못 하는 녀석 취급하며 깎아내린 것이다. 그때의 난, 그래야만 쓸모 있는 사람이 될 수 있는 줄 알았으니까.

김대호의 말처럼 선배들의 1인분은 1.8이고, 내 1인분은 아직 0.2라고 생각했더라면 조금은 덜 위축되었을 텐데. 그놈의 1인분이라는 기준이 모두에게 똑같이 해당되지 않다는 사실만 알았더라면. 그땐 왜 그렇게 자괴감이 들고 서러웠는지 모르겠다. 0.2로 시작해 0.3, 0.4로 차근차근 키워 나가는 것. 그게 신입이 성장하는 순리인데 말이다.

그 후로 나는 김대호의 인터뷰나 콘텐츠를 발견하면 그냥 넘기지 않고 꼭 챙겨 본다. 내 마음을 울린 그의 말은 비단 이하나뿐이 아니다. 필사해둔 수많은 어록을 소개하자면 끝이 없다.

'저 사람이 1만큼 한다고 해서 나도 1만큼 성과를 내려 하지 말고 나의 그릇을 이해하자. 억지로 다른 이들을 따라가려 하지 말자.'

'내 나름대로 사는 게 열심히 사는 거지. 누구랑 비교해서가 아니라.'

스스로 너무 작고 초라하게 느껴질 때, 이 호탕하면서도 단단한 이야기들로부터 정말 많은 위로를 받았다. 신입 시절의 멘탈 관리를 위한 롤모델을 추천해달라고 누군가 묻는다면, 나는 번듯한 위인들이 아닌 날것 그 자체의 직장인 김대호를 주저 없이 권하고 싶다. 당장 뭐라도 해내야 할 것 같고, 자신의 존재감을 얼른 증명하고 싶어 조급한 신입사원들에게 그의 인생관은 든든한 힘이 될 것 같다.

넘치는 열정으로 너무 열심히 사는 친구들을 보면, 조금은 마음을 편히 가지라는 의미로 '가짐으로써 얻는 희열보다는 놓음으로써 얻는 안정감이 더 좋다'는 그의 말을 인용해 들려주기도 한다. 이 말을 몇 년 전의 나에게 전해주고 싶은 마음으로. 누군가가 그때의 나처럼 별것도 아닌 일에 존재의 의미까지 흔들리며 쓸데없이 굴을 파는 일이 없기를 바라는 마음에서다.

나는 여전히 팀 막내다. 아직까지도 CD님께 먼저 "도와드릴 일 없을까요?"를 묻고, 광고주를 상대하기엔 턱없이 부족하며, 외부 업체들을 유연하게 핸들링하기엔 버거운 신입이다.

하지만 나는 바쁜 선배들이 놓친 회의 내용을 정리할 수 있다. 뒤죽박죽인 프로젝트 파일들을 언제든 쉽게 찾을 수 있게 정리할 수도 있고, 시키진 않았지만 '만약'의 상황에 대비해 선배들의 메인 안 옆에 B안을 준비해둘 수도 있다. 물론 이런 것들조차 필요 없게 되어 그냥 내 노트북 속에만 남아 있을 때가 더 많지만.

나는 내 방식대로 1인분을 만들어가는 중이다. 당장 눈앞에 주어진 일이 없거나 결과물에 뚜렷한 흔적을 남기지 못했다고 해서 존재의 의미까지 사라지는 건 아니라는 것을, 이제는 너무도 잘 안다.

가짜 열정은 파업합니다

나는 단기적인 계획은 잘 세우지 않는다. 하고 싶은 건 많지만 거기에 계획이라는 타이머를 맞추는 순간, 촉박함에 메이는 듯한 강박이 싫어 언젠가부터 새해 목표 같은 걸 세우는 일을 그만두게 되었다.

대학 초반까지만 해도 넘치는 욕심에 '2학년 여름방학 전, ○○ 공모전에서 최소 동상 이상 수상하기' 같은 구체적인 계획을 마구 세웠지만, 뭐 하나 뜻대로 흘러가지 않은 인생에서 그런 목표를 모두 이루기란 사실상 불가능했다. 한 해를 돌아볼 때마다 자꾸만 쌓여가는 실패 리스트를 회피하기 위해 나중엔 그냥 '졸업 전에 어떤 공모전에서든 상 한 번 타보기’ 정도로 절충했다. 그렇게 나는 대학 입학이나 취업처럼 인생의 굵직한 퀘스트들만 큰 체크 박스로 두고, 그 하위 계획들은 유동적으로 세우기로 나 자신과 합의했다.

대학 입학이라는 중대한 목표를 달성한 뒤, 그다음으로 이뤄야 할 건 ‘정규직 전환’이었다. 정확히는 ‘취업’이었는데, 인턴 기간이 끝나면 반드시 정식 신입이 되어야겠다는 강한 목표가 생겼다. 그 하위 목표를 세우는 일은 딱히 어렵지 않았다. 인턴이라는 신분에게 요구되는 덕목은 사실 심플했기 때문이다. 예의 바르기. 열심히 하기. 성실하기. 그리고 용기 내기.

이게 쉬웠던 이유는 내가 특별히 잘나서가 아니라 ‘잘하는 것’과 ‘열심히 하는 것’은 엄연히 다른 영역이라서다. 잘하는 건 아무나 해낼 수 없지만 최선을 다하는 건 훨씬 단편적이다. 간절한 마음만 있다면 누구든 가능하다. 그리고 난 그 누구보다 진심으로 간절했다.

약 10개월간 인턴이었던 내 모습은 정말이지 모든 것이 과했다. 팀의 메인 프로젝트가 아닌 자잘한 잡무까지도 200%의 열정으로 임했다. 일이 이미 쌓여 있어도 모든 사소한 일마다 '뭐든 맡겨만 달라'며 주저 없이 팔을 걷어붙였다. 그렇게 이곳저곳에서 끌어온 일들이 눈덩이처럼 불어났고, 결국 그 모든 건 스스로 불러온 재앙이었기에 누구를 탓할 수도 없었다. 그러니 '못 하겠다' '힘들다' 따위의 투정은 당연히 입에 담을 수조차 없었다.

물론 몇 개월 차 인턴 고양이 손이 프로젝트에 큰 도움이 될 리 없었겠지만 내게 중요한 건 그게 아니었다. 몇 시간을 고민한 아이디어와 그림도 선배들의 눈에는 차지 않아 허무하게 버려진 적도 많다. 아무래도 인턴은 제대로 된 1인분이라기보단 플러스알파 정도의 인력이니까. 나도 그걸 몰라서 그렇게 달려들었던 건 아니다. 내게 정말로 중요했던 건 열정을 보이는 '태도'였다. 프로젝트의 성패 여부를 떠나 일단 나는 꼭 정규직으로 전환돼야 했으니까. 죄송한 말이지만 일단 나부터 살고 봐야 했다.

그래, 솔직히 인정한다. 인턴 시절 나는 '척'을 하며 살았다. 사실 나는 하기 싫은 것도 많고, 참을성도 없고, 화도 많은 사람이지만 그땐 그 모습을 꽁꽁 숨겼다. 24시간 열정적인 척, 화낼 줄 모르는 척, 늘 긍정적인 척을 했다.

딱히 그림을 잘 그리는 편도 아닌 내게 콘티 몇 컷을 그려 보라고 지시하면 군말 없이 연필을 들었다. '아 진짜 그리기 싫다' 하는 속마음은 숨긴 채로 입시 미술을 하던 기억을 되살려 한 땀 한 땀 정성 들여 콘티를 그렸다. 음영까지 넣어 색칠을 해가면서 말이다. 그런 내가 사실 대학 때는 일러스트 수업을 듣기 싫어 4년 내내 도망 다녔다는 걸 선배들은 모를 것이다.

팀의 연이은 경쟁PT 낙방 소식에 모두 지쳐 있을 때도 나만은 울상을 짓지 않았다. "인턴한테 경쟁PT 따오는 성공의 맛을 보여줘야 하는데"라며 아쉬워하던 선배들의 쓸쓸한 말에도 "아유, 저는 이 경험만으로도 많이 배웠는걸요. 다음엔 꼭 딸 거예요!"라고 긍정회로를 돌리며 해맑게 웃어 보이려 했다. 물론 나도 함께 고생하며 준비했는데 속상하고 힘이 빠지지 않았다면 거짓말이겠지만 영혼까지 끌어모아 애써 밝게 웃었다.

내가 쓸모 있고 예의 바른 인턴임을 증명해야 한다는 그놈의 부담감 때문에, 밑도 끝도 없이 열정만 앞세운 강박이 몸에 익어버렸다. 그리고 그 자세가 몸에 배어버린 채로 신입이 되었다. 신입사원이 되고 한동안은 그 낯섦에 어쩔 줄 몰랐다. 한순간에 신분이 바뀌었다. 이제 내 행동들은 더 이상 전환을 위한 평가를 받지 않아도 되고, 몇 주 뒤 짐을 싸야 한다는 기한도 사라졌다.

'신입은 어떻게 행동해야 하지?'

'그냥 인턴 때처럼 하면 되는 건가?'

한없이 잘 보이려 애쓰던 썸 같은 시기가 끝나고, 이제는 있는 그대로 드러내야 하는 사이가 되어버린 이 관계가 어색할 따름이었다. 예의 바르고 성실하던 인턴의 페르소나 기간이 만료되어 방황하던 나는 다음 목표가 무엇인지 찾고 싶어졌다. 정규직 전환이 된 지금, 나는 이제 뭘 이루어야 하지? 에이스 신입사원 되기? 빠른 진급? 혹은 칸 라이언즈* 수상?

인턴 동기들과의 술자리에서 나는 힌트를 얻었다.

"너희는 인턴 때로 돌아가라면 다시 돌아갈 수 있어?"

"아니아니, 절대 못해!"

• 칸 라이언즈(Cannes Lions): 프랑스의 국제 광고 페스티벌이자 세계 3대 광고제. 모든 광고인들의 목표이자 꿈의 무대.

반사적으로 튀어나온 내 대답엔 1초의 망설임도 없었다. 죽어도 다시는 그때처럼 못 산다. 불과 반년 전으로 돌아간다는 상상만 해도 식은땀이 나는 기분이었다. 그런 열정은 내 인생에 두 번은 없다는 생각이 드니 비로소 명쾌해졌다.

우선, 전환이 목표였던 그때의 나와 지금의 내가 같은 태도를 유지할 수 없음을 솔직히 인정해야 했다. 그리고 내가 쓸 수 있는 유한한 에너지를 현명하게 배분해서 쓸 방법을 새롭게 배워야 했다. 그것이야말로 내가 새롭게 써넣어야 할 목표라는 생각이 들었다.

나는 이제 더 이상 '가짜 열정'을 생산하지 않기로 결심했다. 늘 눈을 반짝이는 자세는 정규직 전환이라는 목표 앞에선 꽤 잘 먹혔던 생존 전략이었으나 그 역할은 딱 거기까지였다. 열정 가득한 캐릭터로 연기를 반복하는 건 나를 소진시킬 뿐이며, 진짜 스스로 만족하고 즐길 수 있어야만 버틸 수 있다는 걸 깨달았다. 이제 이 회사에서 살아갈 나는 몇 주짜리 인턴이 아니라 긴 시간을 함께할 신입사원이니까.

앞으로의 내 모습은 거창할 거 없이 그냥 더 인간적인 내가 되기로 했다. 인턴 때 몸에 밴 '척'을 버리고 조금은 더 솔직한 나를 드러내기로 했다. 몇 달 간 준비한 캠페인이 순식간에 무산되거나 공들인 경쟁PT에서 떨어져 한없이 허탈한 날이면, 동료들과 담배 한 대를 피우며 속풀이를 하고 기분을 털어낸다. 우리 팀을 이기고 캠페인을 따낸 회사의 뒷담화도 적당히 하면서 분위기를 맞춘다. 그리고 이제는 직접 그림을 그려보라는 지시를 받으면 멋쩍게 웃으며 "혹시 사진 이미지 먼저 찾아보면 안 될까요?"라고 능글맞게 피해보는 요령도 생겼다.

이젠 억지로 표정을 감추려 하지 않는다. 즐거울 땐 크게 웃고, 지치고 피곤할 땐 곧 죽을 것 같은 얼굴을 한다. 이런 나를 보며 누군가는 '초심을 잃었다'라거나 '너도 연차가 쌓이니 흑화했구나'라고도 하겠지만 사실 이게 내 본 모습이다. 하기 싫은 건 죽어도 하기 싫고, 투덜대는 데 선수고, 새로운 일 앞에선 엄살이 심한 이 모습이 진짜 나다. 각 잡힌 채 뻣뻣하기만 했던 자세를 조금 편히 고쳐 앉았을 뿐이다.

나는 다음 체크 박스에 '지속 가능한 태도'를 써넣었다. 좀 더 솔직하고 헐렁한 자세를 입기로 했다. 이 회사를 오래오래 다니는 게 숨 막히고 버겁지 않도록. 매 순간이 나일 수 있도록. 요즘엔 허리춤을 너무 많이 풀었는지, 시도 때도 없이 힘들다고 징징대는 모습이 스스로도 조금 걸리긴 한다. 하지만 뭐 어떤가. 무작정 뜨겁기만 해서 애가 닳았던 그 마음보다는 지금의 이 적당하고 편안한 미지근함이 좋다.

다양한 선택지가
필요한 이유

제일기획에 입사한 지 반년쯤 지났을 때였다. 회사에 어느 정도 적응도 했고 1인분의 역할을 하기 시작할 즈음, 한 서비스의 영상 광고를 만드는 프로젝트를 맡게 되었다. 기존 프로젝트들과 크게 다를 건 없었지만, 영상에 담아야 할 서비스의 기능이 워낙 많았다. 게다가 TVC가 아닌 디지털용이라 긴 초 수에 맞는 분량의 그림과 카피를 써야 했다.

제작회의에서 1차로 추린 아이디어를 가지고 AE와 방향성을 논의하는 기획회의를 마쳤다. 수정·보완해야 할 내용이 얼추 깔끔하게 협의됐지만 D안 하나가 조금 애매했다. 브리프와는 다른 2D 기반의 일러스트 위주 비주얼이라 광고주가 선뜻 고르긴 어려워 보였다.

그러나 그 자체로 A, B, C안과는 또 다른 방향이 될 수 있으니 일단은 콘티를 조금 수정해 네 가지 모두 광고주 보고에 가져가보기로 했다.

그 얘기에 나도 모르게 한숨이 나왔다. 물론 안이 버려지지 않은 건 좋은 일이지만, 우리 제작팀에서 해야 할 일이 늘어난 것이기도 했다. 평소 같으면 군말 없이 했겠지만 그날은 연이은 야근 탓에 컨디션이 영 좋지 않았다. 가능성이 희박한 안을 굳이 이렇게까지 힘들게 준비해야 하는 건지 이해가 가지 않았다. 어차피 선택된다면 A, B, C안 중 하나일 텐데 D안 콘티까지 추가로 정리하려면 족히 몇 시간은 더 야근해야 한다. 마음속에서 자꾸만 나태함이 피어올랐다.

두려움을 무릅쓰고 CD님께 조심스럽게 여쭤보았다. 지금은 콘티까지 다 만들어서 보여주진 말고, 우선 방향만 먼저 골라달라고 하는 건 어떻겠냐고. 서비스를 하나의 오브제로 비유해 메이커보이스*를 보여주는 A안, 서비스 UI의 비주얼을 강조해 보여주는 B안, 소비자의 인사이트에 집중하는 C안. 각각 방향성이 다르니 이를 먼저 전달하고 그중에서 광고주가 동의한 방향만 콘티를 만드는 게 어떻겠냐고 말이다.

하지만 CD님은 단호하게 말했다.

"근데 혜린아, 그들도 모를 거야."

광고주가 뭔가를 결정하려면 단순히 방향 제시만으로는 부족하다고. 그들도 직접 눈으로 그림을 보기 전까진 자신이 뭘 원하는지 알 수 없으니 다 보여줘야 한다는 것이다. A, B, C안 중 하나를 고르게 하기 위해서라도 D안을 함께 보여줘야 한다고 말이다. 그러고는 D안의 콘티는 최대한 본인이 해보겠다며 지친 나를 달래주셨다.

속으로는 도저히 이해가 가지 않았다. 겨우 고르는 것 하나를 못한다고? 방향을 고르는 것도 그림이 있어야만 한다는 게 도무지 납득이 되지 않았다. A, B, C, D안이 비슷한 것도 아니고 제각각 다른데 말이다. 아무래도 CD님은 아이디어와 결과물에 대한 총책임을 져야 하는 분이니 어떻게든 D안까지 잘 팔아보고 싶은 팀장으로서의 욕심 때문이겠거니 하고

• 메이커보이스(Maker Voice): 브랜드가 직접 자신의 철학이나 메시지를 목소리로 전하는 방식.

수긍하고 말았다.

그런데 시간이 흐르고 프로젝트를 거듭하며 깨달았다. CD님이 왜 그렇게 단호했는지, 그리고 그 말이 어떤 의미였는지. 나는 가장 기본적인 전제를 간과했던 것이다. 애초에 광고주는 우리와 생각하는 방식 자체가 다르다는 것을.

우리 제작팀이야 밥 먹고 이 일만 하는 사람들이니 달랑 한두 컷의 레퍼런스와 설명 몇 줄만 있어도 이 아이디어를 낸 사람이 무엇을 말하고자 하는지, 그리고 최종 결과물이 대략 어떤 식으로 나올지가 예상이 된다. 그러나 광고주들은 아니다. 당연하다. 그런데 365일 우리 일에만 매몰되다 보면, 자꾸 그 사실을 잊고 '왜 이 정도도 이해를 못 하냐'며 화를 내고는 한다. 내가 아는 만큼 그들도 알 것이라고 착각하게 되기 때문이다.

광고인이 아닌 이들에게 아이디어를 제안할 때는, 소개팅에서 처음 만난 사람 대하듯 해야 한다. 몇 날 며칠을 고민하고 회의한 우리와 광고주의 이해도가 같을 수는 없다.

그렇기에 아이디어를 구현할 적합한 레퍼런스를 찾고 또 찾고, 제안서에 상세한 설명을 쓰고, 열심히 시안을 만들어가는 것이다. 최대한 쉽고 친절하게. 제대로 보여주지도 않은 채 뭘 골라 달라고 들이밀면 그 누구라도 선뜻 고를 수 없을 것이다.

CD님의 판단은 단순한 책임감에서 나온 것이 아니었다. A, B, C안을 고르게 하기 위해 D안을 함께 보여줘야 한다는 건 일종의 전략이었다. 물건을 살 때 압도적으로 비싼 한 가지가 있어야 나머지가 더 합리적인 가격으로 보이듯 말이다. 비록 미끼가 될지라도 D안을 나란히 보여줌으로써 더 명확한 선택을 할 수 있도록 설계했던 것이다. 우리에게는 끝까지 더 나은 크리에이티브를 주장해야 할 의무가 있기에 광고주가 A, B, C를 더 안심하고 확실히 고를 수 있도록 D라는 설득의 장치를 곁들여 선택을 돕는 것 또한 우리의 역할이기도 하다.

하긴, 내가 광고주라도 그럴 것 같다. 그들 역시 내부에서 본인의 선택에 대한 책임을 져야 할 테니, 최소한의 그림도 없이 뼈대뿐인 선택지 안에서 섣불리 결정하기는 부담스러울 수밖에 없을 것이다.

그렇다고 최대한 많은 아이디어를 가져가는 것이 정답이

냐 하면, 당연히 그것도 아니다. '한 3개만 가져갔다가 전부 버려지면 어떡하나' 하는 노파심에 우르르 6~7개씩 내놓았다가 오히려 선택 장애를 일으키는 경우도 많다. 게다가 첫 제안에서부터 단번에 결정되는 일은 드물기 때문에, 처음부터 쓸 만한 아이디어를 얼만큼 풀고, 또 얼마나 남겨둘지 판단하는 것도 전략적으로 중요한 문제다.

그러니 선택지를 압축적으로 구성하는 게 중요하다. 이거저거 다 펼쳐놓기보다는 방향성이 뚜렷이 갈리는 차별점 있는 소수를 정제해 보여주는 편이 광고주의 선택을 돕는 데 훨씬 효과적이다. 이건 최종적으로 안을 꾸리는 CD의 주역량이자 모든 제작팀이 길러야 할 안목이기도 하다. 나는 아직도 그 선을 타는 게 너무 어렵다. 이건 버리고 저건 살리는, 아이디어의 경계를 판단할 수 있는 감각을 키우려면 아직 갈 길이 멀다.

물론 아무리 준비를 잘해서 안을 보여주어도 끝까지 고르지 못하는 광고주도 간혹 있다. 할 수 있는 모든 방향을 총동원했지만 매번 도돌이표인 피드백에, 아이디어 제안만 열 번을 했던 적도 있다. 이 지경까지 가면 일종의 게슈탈트 붕괴가 온다. 분명 매 제안마다 다르게 하려 했는데도 이 아이디어가 저 아이디어 같고 다 비슷비슷하게 느껴진다.

그럴 땐 창작의 고통이 배로 밀려와 너무도 고통스럽지만 그럴수록 더욱 정신을 다잡아야 한다. 첫 제안서로 돌아가 대체 무엇을 놓치고 있는지 훑어보고, 같은 아이디어를 다른 방법으로 파보기도 한다. 좁고 깊게 과몰입한 내 시각에서 벗어나 객관적인 제3자의 의견을 듣는 것도 좋은 방법이다. 그러고는 '진짜 끝내주는 아이디어가 나오려고 이런 시련이 있나 보다'라고 차분하게 마인드 컨트롤 하고, 다시 더 좋은 아이디어를 찾는 수밖에.

이제는 안다. 좋은 그림을 만드는 것뿐 아니라 '좋아할 만한 취향의 그림을 찾아주는 것' 또한 아트디렉터의 일이라는 것을. 어쩌면 멋진 광고를 만드는 것보다 그 전에 최선의 방향으로 설득하고 유도하는 과정이 더 중요한 본질일지도 모르겠다.

그래서 매번 아이데이션으로 머리를 싸맬 때마다 이런 실없는 상상을 하고는 한다. 아이디어의 초안만 봐도 이게 버려질 안인지 살아남을 안인지 보이고, 누군가의 관상만 봐도

그 사람이 선호할 아이디어를 읽을 수 있는 무당 같은 능력
이 있으면 참 좋겠다고 말이다.

그 사람이 선호할 아이디어를 읽을 수 있는 무당 같은 능력

프로페셔널과 매너리즘

사내 행사를 기획하는 TF 프로젝트를 맡게 되었다. 갓 결성된 우리 팀에게 주어진 첫 행사였고, 팀의 역량을 전사에 알릴 수 있는 좋은 기회이기도 했다. 때문에 유의미한 성과를 남길 수 있도록 멋지게 꾸려보고 싶은 마음이 굴뚝같았지만, 문제는 예산이었다. 전 직원 대상의 행사를 꾸리기엔 턱없이 부족했다. 이벤트 운영에 할당된 예산은 이미 정해져 있었기에 더 욕심을 부릴 수도 없었다. 우리는 어쩔 수 없이 아쉬운 대로 그 안에서 가능한 콘텐츠를 구상해나가기로 했다.

협업할 업체와 초대 연사를 추리던 중, 견학 겸 파트너 발굴 목적으로 방문한 엑스포에서 한 업체를 알게 되었다. 수많은 부스 사이에서 눈길을 사로잡는 거대한 디지털 매체를 본 순간, 우리 행사에 딱이겠다는 직감이 들었다. 하지만 그 스케일이 상당해 보였기에 얼핏 봐도 예산을 훌쩍 초과할 것 같았다. 그래도 밑져야 본전이라는 마음으로 용기를 내어 대략적인 단가를 물었고, 담당자 입에서 나온 액수는 역시나 턱없이 높았다. 담당자 앞에서는 쿨한 척 포커페이스를 유지했지만, 속으로는 우리 예산을 가뿐히 뛰어넘는 헉 소리 나는 액수에 절망했다.

다음 날, 팀 선배에게 곧장 공유드렸다. 괜찮아 보이는 업체가 있어 일단 연락처를 받아오긴 했는데, 아무래도 예산 문제로 힘들 것 같다고. 그런데 선배의 반응이 예상 밖이었다. 걱정 말고 자기에게 맡겨보라는 것.

'아니, 그 거액을 어떻게 협상하겠다는 거지?'

선배는 업체에 대한 몇 가지 정보를 파악하더니 망설임 없이 바로 전화를 걸었다.

나는 당연히 '사정이 이러하니 잘 좀 부탁드린다'고 양해를 구할 줄 알았다. '터무니없는 부탁인 건 알지만 그래도 한 번 긍정적으로 고려해달라'고 읍소하면 '내부 검토 후 알려주겠다'는 형식적인 답변이 돌아오겠지.

하지만 내 예상과 달리, 선배는 통화 내내 단 한 번도 고개를 숙이지 않았다. 한 치의 비굴함 없이 상대를 존중하면서도, 동시에 살살 구슬리는 언변에 듣고 있던 나마저 홀리고 있었다. 선배의 청산유수 같은 설득에 어느새 반쯤 넘어온 담당자는 오히려 우리에게 질문을 쏟아냈고, 대화는 긍정적으로 풀려가고 있었다. 엑스포에서 들었던 금액의 절반도 안 되는 가격으로 합의가 되어가고 있는 것이 믿기지가 않았다.

스피커폰을 통해 들려온 대화는 대략 이러했다.

'우리는 이런 멋진 회사고, 이렇게 근사한 행사를 열 거다. 함께하면 서로 시너지가 날 수 있을 것 같다. 그러니 같이 원원 해보자. (싫으면 말고!)'

그 당당한 기세에 나는 입이 떡 벌어졌다. 협상의 타짜가 있다면 바로 이런 모습이지 않을까? 선배의 통화가 끝나고도 나는 입을 다물지 못한 채 폭풍 박수를 치며 물었다.

"아니, 이 금액은 진짜 말이 안 되는데! 이게 어떻게 성사된 거예요?"

그러자 선배는 잔뜩 흥분해 있는 내게 아무렇지도 않게,

호탕하게 웃으며 말했다.

"우리는 그쪽이 제시한 단가를 절대 맞출 수가 없는 상황이잖아. 그럼 우린 그쪽을 섭외해온다는 일방적인 접근이 아니라 쌍방 B2B 파트너십으로 다가가야 해. 그래야 그쪽도 구미가 당기고, 우리도 돈이 아닌 다른 가치적 베네핏을 어필하면서 어떻게든 딜을 해볼 여지가 생기지."

거기다 "우리 회사는 충분히 그렇게 제안할 수 있는 파워가 있는데, 싫다고 하면 본인들 손해지 뭐"라고 덧붙이던 마지막 말까지. 그걸 듣는 순간, 머리가 멍해졌다. 상하가 아닌 동등한 파트너십으로 다가가기. 누군가에게 협업을 제안할 때 너무도 기본적인 접근 방식인데, 왜 나는 그 단순한 원리를 생각하지 못했을까? 왜 애초부터 구차한 자세를 감수할 생각이나 했던 건지….

결과적으로 그 업체와의 협업은 모종의 이유로 최종 성사되지는 않았지만, 이후 다른 업체들 컨택에서도 선배는 막힘이 없었다. 개중에는 규모가 꽤 큰 곳들도 있었는데, 선배는 마찬가지로 아쉬울 게 하나 없는 태도였다. 한정된 예산 안에서 기적처럼 하나둘 일이 성사될 때마다, 믿기 힘든 결과에 마음이 잔뜩 부풀었다. 우리 팀이 꿈꾸던 그럴싸한 행사가, 어쩌면 정말 가능할지도 모르겠다는 생각이 점점 커져가기 시작했다.

그렇게 파죽지세로 진행되던 프로젝트와 달리 나는 그 충격에서 빠져나오는 데 오랜 시간이 걸렸다. 거의 10년 차인 선배도 저렇게 적극적이고 의욕적으로 하는데, 고작 2년밖에 안 된 내가 '어차피 안될 게 뻔하다' '시간 낭비다' 하며 부정적인 생각에 사로잡혀 있었다는 게 너무도 한심했다. 그날 선배의 통화를 듣고 한참 동안이나 멍하니 생각에 잠겼던 나를 선배는 아마 모를 것이다.

보통 아트디렉터가 외부 업체와 돈 문제로 이야기를 나눌 때는 깎아달라는 요청이 대부분이다. 제작비를 넉넉히 쓸 수 있는 경우가 극히 드물기 때문이다. 주어진 예산을 맞추기 위해 피치 못할 사정을 설명하고, 부탁하고 또 부탁하며 저자세를 취할 수밖에 없다 보니 돈 앞에서는 반사적으로 몸이 움츠러들고는 한다. AE가 예산 이야기를 꺼내면 이번엔 또 어디까지 방어해야 할지, 업체에는 얼마를 깎아달라고 사정해야 할지 머릿속이 복잡해지기 시작한다.

이런 일이 반복되다 보니 최악의 상황부터 가정하는 방어적인 태도가 몸에 배어버렸나 보다. 돌발 상황도 많고 외부 변수로 인해 손 한번 제대로 못 써보고 좌절되는 일이 잦은 게 이 광고 일인지라, 그저 주어진 걸 지켜내기만 해도 다행이지 그 이상의 욕심은 사치라고 생각했다. 이러한 업계의 생리를 알게 된 후로는 지레 겁부터 먹고 몸을 사리기만 했지, 일단 부딪혀보자는 패기로 임했던 적이 거의 없었다. 요청해오는 일에만 수동적으로 대응하는 일이 반복되며, 어느 순간부터는 함께 일하는 관계를 동등하게 여기는 법조차 잊어버리고 말았다.

그런 상황에 익숙해진 탓에 이번에도 역시나 습관적으로 시작부터 갑을 관계를 내 멋대로 세팅해버린 것이다. 이번 프로젝트는 광고주가 따로 있는 것도, 위에서 요청이 내려오는 상황이 아니었음에도 불구하고 나도 모르게 우리의 위치를 '을'로 규정 지으며 스스로 가능성을 닫아버린 내가 한없이 부끄러워졌다.

평소에도 나는 그 선배를 보며 이런 말을 자주 했다.

"프로님은 정말 긍정적이고 겁이 없으신 것 같아요."

넘치는 자신감과 긍정적인 태도는 타고난 성격이나 오래 쌓인 연차 덕분일 거라고만 생각했다. 하지만 돌이켜 보니 회사와 이 일을 진심으로 자랑스러워하는 그 태도 자체가 곧 실력이었다. 회사의 힘을 빌려 뭐 하나라도 더 끌어올 궁리를 하는 모습을 보면서도, 나는 그저 '애사심 많은 선배' 정도로만 여겼었다. 그 마인드 덕분에 이렇게 팀의 프로젝트가 술술 풀릴지도 모르고, 그것이야말로 진짜 갖기 어려운 프로다움이었음을 모르고 말이다.

사실 예전에는 이런 생각도 했었다. 몇몇 선배들의 그 진득한 태도를 마냥 닮고 싶지는 않다는 오만한 생각. 이 업에 긴 시간을 바치며 늘 한없이 진심인 선배들을 보면 대단하고 존경스러우면서도, 한편으로는 막막해졌다. 나도 저렇게 오래도록 뜨거워야만 할 것 같은 부담감 때문이었다. 저때쯤이면 회사 밖에서 제2의 길을 모색해야 하는 것 아닐까 하는 불안함이기도 했다.

일찍이 회사를 박차고 나가 전혀 다른 삶을 개척하는 이들이 더 용기 있고 멋져 보였다. '탈출은 지능순'이라는 세간의 말에 수없이 흔들리며 갈팡질팡하기도 했다. 지금은 당장 한

치 앞의 일에 적응하기도 바쁜 주니어지만, 몇 년쯤 더 지나면 나도 회사 밖의 삶을 고민해야 하지 않을까 하면서 말이다. 나도 모르게 어느새 이 일에서 멀어질 준비를 있었는지도 모르겠다.

하지만 돌이켜 보면 내가 맨 처음 광고와 사랑에 빠졌던 건 바로 그런 선배들 때문이었다. 변화하는 시대에도 흔들림 없이 크리에이티브의 힘을 믿어온 사람들. 그들이 일구어낸 광고의 모습을 보고 이 길을 택했으면서, 정작 그 주역들을 간과하다니. 한동안 품고 있었던 치기 어린 마음이 떠오를 때면, 선배들의 얼굴을 보기가 부끄러워진다.

인턴 시절부터 제작 본부장님에게 귀에 못이 박히도록 들어온 말이 있다.

"광고가 위기라는 말은 내가 신입사원일 때부터 들었다. 광고업은 몇십 년째 위기 산업이지만, 그럼에도 매년 멋진 신입들이 들어온다. 우리는 여전히 건재하다."

광고가 여전히 건재하다는 말은, 수십 년간 이 업을 지켜온 사람들 또한 흔들림 없이 존재해왔다는 말이기도 할 것이다. 미련해서 떠나지 못한 게 아니라 그만큼 더 단단하기에 머물러 있는 사람들. 나는 이제 까마득한 연차의 선배님들을 보며 '왜 저렇게 능력이 좋은데 이 업에만 오래 계실까'라는 덧없는 의문을 품지 않는다.

생각해보면 내가 닮고 싶은 롤모델은 회사 안에 있다. 아직 다듬어지지 않은 아이디어 때문에 제작회의에서 번번이 고배를 마시던 시절, 혼자 답답해하던 나를 위해 따로 시간을 내어 세세하게 피드백 해주던 선배, CD님이 해주는 칭찬에 '이 부분은 제가 아니라 혜린이가 했다'며 내 공을 챙겨주어 소소한 성취감을 얻을 수 있게 해준 선배처럼 말이다.

나도 언젠가 후배들의 열정에 기름을 부어줄 수 있는 선배가 되고 싶다. 회사와 일에 대한 순수한 열정과 의욕을 더 키워나갈 수 있도록 응원을 보태주는 선배. 내가 아무리 고되고 지쳐 있더라도, 어른스럽게 내 피로를 감출 줄 아는 그런 선배. 나의 선배들이 내게 보여준 것처럼 프라이드 넘치는 그 마인드가 얼마나 프로답고 또 멋진지 몸소 알려주는 그런 선배가 되고 싶다.

몇천만 원은 껌값,
몇천 원은 금값

다가오는 설 연휴를 맞아 동생과 함께 휴가 계획을 세우기로 했다. 일주일이나 되는 긴 연휴였기에 도저히 해외여행을 가지 않을 수 없었다. 추운 1월의 한국을 떠날 생각에 설레던 것도 잠시, 비행기표를 알아보던 우리는 낯빛이 점점 어두워지기 시작했다. 역시나 황금연휴라 그런지, 멀지 않은 동남아 노선조차 푯값이 평소의 2배 이상이었던 것이다. 동생도 아직 학생인지라 그 거금을 감당할 수가 없었다. 결국 우리는 경유가 포함된 괴상한 새벽 시간대의 저가항공 티켓을 예매했다.

문득, 예전에 다녀온 해외 출장이 주마등처럼 스쳐 지나갔

다. 비행 시간만 24시간에 달하는 멀고 먼 거리였지만 나에
겐 정말 특별한 여행이었다. 왜냐하면 인생 처음으로 장거리
비즈니스를 탔으니까. 앞뒤 간격 걱정할 필요 없이 여유롭게
다리를 쭉 뻗고, 헤드셋을 낀 채 잠을 청하던 그 기분이란. 현
지 촬영 현장에서는 이런저런 우여곡절이 많아 정신이 하나
도 없었지만, 적어도 그 비행 시간만큼은 세상 평온했던 기
억이 난다.

정확한 가격은 몰랐는데, 나중에 우연히 듣게 된 총 제작
비에 경악했다. 좌석 하나 다를 뿐인데 그렇게 큰 차이가 나
다니. 촬영을 위해 장거리 이동으로 고생한다고, 나 같은 막
내까지 배려해준 회사에 격한 감사를 느낀 날이었다.

근데 아무래도 그 출장 이후로 분수에 맞지 않은 버릇이
단단히 든 모양이다. 이제 공항만 가면 자꾸 비즈니스 라인으
로 눈이 가니 말이다. 동생과의 여행 중에도 경유지 공항에서
캐리어를 발에 꽁꽁 묶고 노숙하는 내 머릿속에는 안락한 비
즈니스 좌석이 아련하게 오버랩되었다. 마치 파산으로 신분
추락이라도 한 것 같은 그 웃픈 상황에, 혼자 낄낄대며 공항
의자에 끼여 처량하게 잠에 들었다.

이 일을 하다 보면 이런 묘한 괴리감이 들 때가 자주 있다. 회사의 거대한 자본과 나의 소소한 일상 사이의 갭이랄까. 콘텐츠 하나를 위해 수백에서 수천, 심지어 억 단위가 오가는 이곳에 있다 보니 나도 모르게 돈에 대한 현실 감각이 자꾸 흐려지는 것 같다.

회사가 새로운 경쟁PT를 따내 새로운 캠페인을 수주할 때마다 사내 포털에는 승리 소식과 함께 해당 프로젝트의 예상 매출 총이익이 게시된다. 거기에 적힌 '몇십억'이라는 숫자가 무슨 동네 공모전의 경품 정도로 느껴질 때도 있다. 개인으로는 입에 담을 일도 없을 그 거대한 액수가 마치 뉘 집 개 이름처럼 오르내린다. 분명 인턴 시절 처음 봤을 땐 입이 떡 벌어졌던 숫자인데, 이젠 나도 이 단가에 익숙해진 모양이다. 어느새 자연스럽게 이런 농담도 한다.

"와, 제작비가 3천밖에 안 들었다고요? 완전 자원봉사 수준이네요!"

그러나 현실은, 카페 메뉴판 앞에서 3천 원에 벌벌 떠는 내가 있다. 직장인이 되면 적어도 쓰고 싶은 것만큼은 아낌없이 쓸 수 있을 줄 알았는데 꼭 그렇지만도 않다. 특히 커피를 주

문할 때 여실히 느끼는데, 샷 추가나 오트밀크를 위해 500원
쯤 더 내는 건 큰 문제가 없지만 아인슈페너 같은 스페셜 메
뉴를 고르는 건 여전히 망설여진다. 개인 카페의 시그니처 메
뉴는 아·아보다 평균 1.5배는 비싸다 보니 매번 고민 없이 선
뜻 고르기가 쉽지 않다.

뭐 당장이야 그 정도가 얼마나 타격이 크겠냐마는 우리 모
두 한 번쯤 경험해보지 않았나. 천 원, 이천 원이 모여 몇백만
원이 된 카드 내역서를 받아 들고 당황했던 적. 그런 탓에 텀
블러를 들고 가면 50%나 할인해주는 사내 카페로 인해 회사
에선 '텀블러 분리불안'까지 생겨버렸다.

그렇지만 나의 직장인 자아는 돈에 대한 감각이 전혀 다르
다. 수천만 원 단위의 제작 견적서를 보고도 아무렇지 않게
고개를 끄덕이는 나. 광고라는 게 돈을 쏟을수록 퀄리티가 비
례해서 오르는 게 일반적이라 몇천만 원 정도는 어느새 합리
적인 가격처럼 들리게 된 것이다.

게다가 빠듯한 납기가 일상인 업계의 특성상, 그 기간을
맞추려면 그만한 인력이 더 투입될 수밖에 없다. 예컨대 평소
라면 한 군데만 쓸 편집실을, 동시에 두 곳을 돌려 작업 시간

을 줄이는 식이다. 간혹 이런 피치 못할 상황으로 비용이 이 중으로 발생하는 경우가 생기면, 우리 제작팀은 결정을 망설이는 광고주를 보며 '몇천만 원 때문에 퀄리티를 포기하는 거냐'고 발을 동동 구르곤 한다. 물론 멋진 그림을 만들고 싶은 우리 입장에서야 그럴 수 있지만 냉정하게 보면 그 어떤 결정에도 우리가 뭐라 왈가왈부할 수는 없다. 그 돈을 내는 건 우리 회사가 아닌 광고주 본인들이니까. 안타까워할지언정 비난할 수 있는 입장은 아닌 것이다.

회삿돈 앞에서는 나도 모르게 종종 내로남불이 된다. 회사에서 지급해주는 노트북은 주기적으로 새걸로 바꿔줘야 한다고 불평하면서도, 정작 내 개인 노트북은 대학생 때 산 걸 8년째 꾸역꾸역 써오고 있다. 편집실이나 녹음실 외근이 있는 날은 당연히 개인 택시비를 지원해줘야 되는 거 아니냐며 구시렁대지만, 주말 약속에선 어떻게든 대중교통 막차를 놓치지 않으려고 부랴부랴 뛰어간다.

회삿돈 앞에서는 한없이 쿨해지고 내 돈 앞에서는 눈치 보는 쫌생이. 왜 회사만 오면 이런 이중적인 태도가 탑재되는 걸까? '겨우' 몇백, 몇천만 원. 재벌 2세의 대사 같기도 하다.

초반에는 이 괴리에서 오는 이질감이 컸지만 요즘은 마음을 조금 다르게 고쳐먹기로 했다. 회사를 '돈 주는 PC방'이라고 생각하면 마음이 편해진다는 밈처럼, 나 역시 '회삿돈으로 나의 거대한 포트폴리오를 만드는 중'이라고 생각하면 마음이 한결 편해진다. 회사에서 내가 쓰는 돈은 그냥 소비가 아니라 내 퍼포먼스를 올리기 위한 일종의 연료를 사는 일이라고 스스로 합리화해본다. 그렇게 생각하다 보면 완전히 분리되어 있던 돈 앞의 두 인격이 조금은 이어지는 느낌이다.

그나저나 난 언제쯤 망설임 없이 스페셜 아인슈페너를 고를 수 있으려나.

3
사람보다 일, 일보다 사람
— 관계 속에서 완성되는 일

선배의 마음이란

우리 회사에서는 매년 상·하반기 두 차례 신입사원 공채가 열린다. 1차 서류 전형, 2차 실기 및 직무 적성 시험, 3차 면접을 모두 통과하고 마지막으로 건강검진까지 마쳐야 비로소 입사할 수 있는, 장장 석 달에 이르는 꽤 혹독한 여정이다.

그리고 이 중 3차 면접에는 가장 최근 입사한 신입사원들이 면접 진행 요원으로 참여한다. 불과 반 년 전까지만 해도 면접자였던 우리가 이젠 180도 달라진 위치에서 면접을 돕는 것이다. 특별한 사정만 없다면 늘 모든 인원이 자발적으로 지원하는 편이다.

면접 진행 요원이 이토록 인기가 많은 덴 크게 두 가지 이유가 있다. 첫째, 이날 하루만큼은 업무로부터 벗어나 합법적인 땡땡이를 칠 수 있는 드문 기회라서. 둘째, 동기들과 함께 과거의 면접 이야기를 나누며 추억에 잠길 수 있는 즐거운 자리이기 때문이다.

"우리 때는 코로나라서 마스크 쓰고 면접 봤었는데 기억 나냐?"

"맞네. 그래서 면접관님들 질문 못 알아듣고 두 번씩 물어봤었지."

이런저런 추억에 젖다 보면 그때의 긴장과 설렘, 미치도록 간절했던 마음이 다시금 떠오른다. 이제야 웃으며 말할 수 있는 이야기지만, 당시에는 너무도 절박하고 고통스러웠다. 그렇기에 이토록 고된 취준 시절은 누구에게나 평생 곱씹을 안줏거리가 된다.

인턴으로 지원했을 당시 나는 4학년 졸업 전시에 매달리고 있었다. 디자인과에게는 지옥 관문과도 같은 졸업 전시를 병행하며, 겨우 시간을 쪼개 서류를 쓰고 시험을 준비했다. 그리고 틈틈이 선배들에게 자기소개서와 포트폴리오에 대한 조언을 구했다.

대망의 면접 결과가 발표되던 날, 그 순간의 장소와 상황까지도 세세히 기억난다. 친구들과 약속 중이었는데, 결과를 확인하라는 안내 문자를 받자마자 몰래 카페 화장실로 숨어들었다. 떨리는 손을 부여잡고 확인한 '합격'이라는 글자. 머릿속으로 지난 3개월의 애타던 시간이 주마등처럼 스쳤다. 변기에 주저앉아 펑펑 울던 그때가 지금도 선명하다. 밖에서 기다리고 있을 친구들은 까맣게 잊은 채 휴대폰을 붙들고 얼마나 오랫동안 울었는지 모른다.

이토록 치열한 마지막 관문이 바로 오늘의 면접인 걸 누구보다도 잘 알기에 진행 요원으로 참여하는 우리의 마음도 마냥 가벼울 수만은 없다. 정장 차림으로 잔뜩 굳어 있는 수십 명의 면접자들로, 회사엔 평소와 다른 낯선 긴장감이 감돌았다.

면접 당일은 일정표대로 정신없이 굴러간다. 새벽 6시부터 지원자들이 하나둘 회사로 도착하고, 인적성 검사 등 기본적인 절차를 마치고 나면 비로소 본격적인 면접이 시작된다. 진행 순서도 랜덤이라 운 나쁘게 뒷순서에 걸리면 오후 늦게까지 대기해야 한다. 꼭두새벽부터 늦은 점심까지 긴장한 상태로 낯선 공간에 있는 건 정말 고역이다. 당사자였던 내가 감히 과장 좀 보태 말하자면 거의 고문에 가까운 수준이다. 하루 동안 세 종류나 되는 면접을 모두 치르고 나면, 이미 나약해질 대로 나약해진 몸과 마음이 그야말로 너덜너덜해진다.

나는 그날, 면접자들과 가장 가깝게 붙어 다니는 인솔자 역할을 맡았다. 대기실에서 면접실까지 동선을 안내하고, 그 사이 짧게 스몰토크로 긴장을 풀어주는 게 내 임무였다. 인솔자는 면접자들 바로 옆에서 지켜보는 역할이다 보니, 거사를 앞두고 긴장한 이들의 모습들을 고스란히 관찰할 수 있었다.

면접실 문을 열기 전 눈을 감고 크게 심호흡하는 사람, 떨리는 발걸음에 그만 계단에서 발을 헛디디는 사람, 5분마다 물을 들이켜는 사람까지. 그 모두가 6개월 전 내 모습이기도 했다. 나는 면접 전날 내과에 들러 청심환 같은 안정제를 받아오기도 했었다. 지금 돌이켜 보면 유난이다 싶기도 하지만 그때는 정말 너무 떨려 면접은 고사하고 회사 입구에서 기절할 것만 같았다.

내가 인솔한 면접자 중에 유독 잊히지 않는 한 사람이 있다. 앞 차례 면접이 끝나고 다시 대기실로 향하던 중이었다.

"고생하셨습니다. 면접은 잘 보셨어요?"라는 멘트를 건네는 찰나, 갑자기 눈물을 터트리는 것이었다. 너무 당황한 나는 어쩔 줄을 몰라 우왕좌왕하다가 등을 토닥여주었다. 그리고 감정을 추스를 수 있도록 바로 화장실로 안내했다. 혹시 면접실 안에서 무슨 일이 있었던 건지, 아니면 개인적인 사연이 있는지는 알 수 없었지만 아마도 긴 시간 억눌렸던 긴장감이 한순간에 터진 것 같았다.

같은 과정을 고스란히 겪은 나로서 그 마음이 백번 이해됐다. 3개월에 걸친 기나긴 공채 지원 과정은 그 누구에게도 절대 순탄할 수가 없다. 대부분은 다른 회사 준비든 학업이든 각자 다른 일을 병행하며 취업 준비를 하기 때문에 '여유로운 취준생'이란 존재할 수가 없다. 그렇게 몇 개월간 둑처럼 쌓여온 마음이 순간 허물어지며 눈물이 터져나오는 것도 전혀 이상한 일이 아니다.

그런데 그 순간 '울면 목 잠길 텐데, 남은 면접 잘 봐야 할 텐데' 하는 현실적인 걱정이 먼저 떠올랐다. 극 F인 나지만 희한하게도 그 순간만큼은 냉철한 판단이 앞섰다. 순간의 감정적 흔들림 때문에 지난 3개월의 수고가 날아가버리면 안 되니까.

나는 곧장 탕비실로 뛰어가 진정이 될 만한 게 없는지 살폈다. 면접자 대기실에는 없던 커피가 생각나 부랴부랴 커피를 내리고 얼음 몇 알을 띄웠다. 내가 건네는 커피를 받아들고 다시 대기실로 돌아가는 뒷모습이 어찌나 짠하던지. 다음 면접까지 무사히 잘 마치길 바라며 마음속으로 작은 응원을 건넸다.

두 달쯤 지나 신입사원들이 입사했다. 전해 들은 얘기로는 그때 그 면접자가 최종 합격했다고 한다. 그날의 나를 기억하고, 내게 감사 인사를 전해달라는 말을 들었다. 마음이 뭉클해졌다. 뭔가 괜히 뿌듯하기도 하고 대견한 마음도 들었다.

나는 이제 신입사원이라고 하기엔 애매한 4년 차가 되었지만, 팀에선 여전히 막내다 보니 후배들과 일할 기회가 많지 않다. 그래서 아직은 선배의 마음이란 게 어떤 건지 잘 모르겠다. 하지만 그날을 떠올려보면 대충 이런 게 아닐까 하고 어렴풋이 짐작은 간다. 나와 같은 길을 걸어오는 동료가 나와 같은 실수는 하지 않길 바라는 마음, 나의 사소한 위로가 작은 힘이 되길 바라는 마음, 이런 거 아닐까?

당장은 내 앞가림조차 버겁지만 언젠가 진짜 선배가 되어 있을 먼 미래의 나는 그 마음을 제대로 느낄 수 있기를.

동료를 존경한다는 고백

작년에 팀이 바뀌었다. 본부도 그대로고, 자리도 여전히 같은 10층이라 크게 달라진 점은 없지만, 전에 없던 특별한 변화가 하나 있다. 아트디렉터 동기 한 명과 같은 팀이 된 것이다.

보통 같은 직군의 주니어 두 명이 한 팀에 배치되는 일은 드문 편이라 조금 이례적인 일이다. 이 친구와는 인턴부터 함께 시작해 어느덧 4년째 얼굴을 보고 있지만, 그동안 각자의 팀에 있다 보니 같이 일할 기회는 없었다. 어쩌면 스물일곱 명 중 가장 친하다고 할 수 있을 만큼 많은 이야기를 나눴지만, 정작 내 동기의 본업 모먼트는 본 적이 없는데 한 팀에 나란히 배치된 덕분에 그 모습을 누구보다 가까이서 보게 되었다.

워낙 패기 넘치고 말과 행동에 거침이 없어 동기들끼리 장난으로 '미친놈'이라 부를 정도로 범상치 않다는 건 알고 있었지만, 함께 일해보니 배울 점이 정말 많았다. 매사에 우왕좌왕하는 나와 달리 이 친구는 자신의 판단에 머뭇거림이 없었다. AE나 업체 실장님들이 급하게 결정을 요청해올 때도, 팀을 대표해 자기 의견을 전달하는 것을 망설이지 않는다. 나는 4년 차가 된 지금도, 전달하기 전에 꼭 선배들의 오케이 사인을 받아야만 마음이 놓이는데, 동기는 '틀렸으면 다시 정정하면 되지 뭐'라는 마음으로 일단 저지르고 본다. 아무리 작은 결정이라도 그 책임에 대한 부담을 느끼지 않는 모습이 신기할 따름이다.

화나는 일이 생겼을 때도 마찬가지다. 내가 한참을 투덜거리며 징징대는 동안, 이 친구는 '그냥 빨리 해치워버리자'며 해탈한 채로 늘 먼저 시작하고 있다. 우리의 힘으로 바꿀 수 없는, 어차피 해야만 하는 일 앞에서 항상 별 고민 없이 덤덤하게 손을 움직인다. 난 씩씩대며 분노를 가라앉히는 데만 한

참이 걸리는데 말이다.

거기다 통통 튀는 아이디어도 잘 내고 시선을 잡아 끄는 강렬한 그림도 척척 잘 만들어서, 같은 아트디렉터로서도 혀를 내두를 정도다. 동갑내기 친구이자 반년간 한 팀에서 일한 동료로서 감히 보증하건대, 이 친구는 훗날 반드시 크게 될 녀석이다.

우리 둘 다 같은 날, 같은 출발선에서 시작했는데도 저 강단과 추진력은 도대체 어디서 나오는지 참 미스터리다. 타고난 기질 차이도 있겠지만, 지난 2년간 각자의 자리에서 어떻게 보냈는가에 따른 차이이기도 할 것이다.

동기와 함께 일하면서 반성도 참 많이 했다. 신입이라는 이유로 혼자 눈치만 보고 자제했던 여러 순간들을 떠올리면 '저렇게 생각하고 대처했더라면 더 좋았을 텐데'라는 아쉬움이 들었던 적도 여러 번이다. 내가 어리석게 방황했던 시행착오의 순간들도, 이 친구였다면 분명 자기중심을 잡고 잘 헤쳐나갔을 것 같다.

그래서 요즘 나는 그냥 이 녀석을 나의 사수로 생각하기로 했다. 동기는 이런 내 말을 듣고 무슨 말도 안 되는 소리냐며 경악했지만 나는 기꺼이 동기를 선배로 섬길 준비가 되어 있다.

이 친구와 같은 팀으로 일해본 덕분에 확실히 알게 됐다. 나의 고민에 대한 대답을 꼭 선배들에게서만 찾을 필요가 없다는 걸. 저 멀리 10년 차, 20년 차 선배들이 이룬 것들보다 지금 내 곁의 동기들이 해낸 것들이야말로 가장 따라 하기가 쉽다. 서로 실없는 얘기만 하며 노느라 잘 몰랐지만, 스물일곱 명의 동기들은 내가 가장 가까이에서 벤치마킹할 수 있는 좋은 참고자료였던 것이다.

상대하기 까다로운 광고주를 만나면, 잠시 바람을 쐬면서 아르바이트 시절 겪은 어려운 고객들을 떠올리며 멘탈을 다잡는다는 AE 동기. 주니어들에게 쏟아져 내려오는 자잘한 잡일들을 하나의 사이드 프로젝트라 여기며 즐기려 한다는 아트디렉터 동기. 하나하나가 소중한 지침서다.

돌이켜 보면 그동안 동기들에게 사사로운 질투만 했지, 뭔가를 배우려 한 적은 없었던 것 같다. 솔직히 고백해보자면 동기들의 기쁜 소식에 말 못할 샘이 들끓을 때가 있었다. 누구는 광고제 수상으로 해외 출장을 다녀오고, 또 누구는 거대한 경쟁PT를 따냈다는 소식들이 여기저기서 들려오면 마음이 조급해졌다. 분명 시작은 다 같은 코흘리개들이었는데, 어느 순간부터 하나둘 성장하는 그들에게 거리감도 느껴졌다. 상대적으로 비교되고 초라한 내 모습에 마음 한 켠이 점점 복잡해졌다.

특히 입사 1년 차 때, 갤럭시 캠페인을 맡은 동기들이 그렇게 부러울 수가 없었다. 물론 대부분이 AE들이라 직무는 달랐지만 내가 입사 전부터 만들고 싶던 광고는 딱 저런 것이었기에, 그들이 만든 광고를 몇 번이고 돌려보며 나와 비교를 했다. 거의 1년 만에 나도 처음으로 갤럭시 필름을 맡기 전까지는, 그들의 업무 스트레스와 불평불만조차도 부러웠다.

그렇게 한동안 열등감에 사로잡혀 괴로워했다. 왜 우리 팀은 저런 큰일을 하지 않는지, 왜 나에게는 저런 기회조차 주어지지 않는지, 동기들의 떡이 훨씬 더 커 보이는 유치한 질투에 눈이 먼 그런 철없던 시절이 있었다.

하지만 많은 대화를 나누며 서로의 걱정과 고민을 터놓은 이제는 안다. 이 녀석들이라고 나와 별반 다르지 않다는 것을. 이들도 나처럼 똑같이 무너지고, 다시 일어서며 버텨내고 있었다. 서로를 부러워하고 위로하고 또 배우고 의지하면서. 우리가 울고 웃는 얼굴에는 서로의 모습이 비쳐 보인다. 선배나 후배가 아닌, 정말 친구처럼 진심 어린 축하와 냉철한 조언을 해줄 수 있는 사람들이 회사 안에 있다는 게 얼마나 다행인지 모른다.

박웅현의 책《여덟 단어》에는 이런 말이 있다. '존경은 아래로 가도 아무런 문제가 되지 않습니다.' 위아래 어디로 향하든 아무 문제가 없는 존경이라면, 옆으로 향하지 못할 이유도 없다. 그러니 나는 앞으로도 오래도록 이들을 관찰하며 멋진 모습들을 베껴볼 생각이다. 어느새 조금은 닳고 단단해진 우리는 모두 엇비슷한 고민을 안고 함께 성장하고 있으니까. 이 고된 회사 생활에서 존재만으로 웃음이 나고 위로가 되어주는 건 동기 녀석들밖에 없는 것 같다.

그러니 우리 길게 보자 얘들아, (꼭) 회사 안에서!

광고보다 오래 남는 것

광고 회사의 일은 두 관계 사이에서 시작된다. 바로 광고주와 대행사. 서로의 의도를 이해하고 기대를 맞춰가는 협업이지만 애석하게도 그 과정이 항상 매끄럽지만은 않다.

말 그대로 '대행'이라는 이름처럼 광고대행사인 우리는 내 돈으로 광고를 만드는 것도, 내가 선택한 브랜드도 아니지만 그럼에도 애정을 갖고 고민해야 한다. 기획부터 일정, 예산까지 대행사가 관여할 수 있는 여지가 적다 보니 어느 정도의 자율성은 포기하고 제약에 맞춰 생각할 수밖에 없다.

그럼에도 이 일이 매력적인 이유는 한 가지 일에만 머무르지 않는다는 점이다. 이번 달엔 통신사 광고를 하고, 몇 달 뒤엔 또 전혀 다른 제품의 광고를 한다. 이 일에는 지루함이나 권태로움이 파고들 틈이 없다. 식품, 금융, 통신, 서비스, 전자제품 등등…. 우리는 매 캠페인마다 새로운 브랜드의 언어를 익혀야 한다.

여러 브랜드를 넘나드는 게 익숙해지면서 세상을 보는 눈도 조금씩 달라졌다. 아는 만큼 보인다더니 예전엔 아무 생각 없이 지나쳤을 SNS 게시물과 길거리 광고들이 이제는 다르게 보인다.

'저 브랜드, 엄청 세련되게 바뀌었네. 요즘 경쟁사에서 유쾌한 이미지를 밀고 있으니 그 반대로 간 전략이겠군.'

'저긴 최근에 임원진들이 싹 바뀌었다던데, 그래서 저렇게 도전적인 메시지의 광고를 하나 보다. 돈도 엄청 썼나 봐. 서울 모든 곳에서 광고가 나오네.'

4년 차쯤 되니 일종의 직업병 같은 '광고 추리력'이 생겼다. 왜 저런 광고들이 나왔는지 그 배경을 유추할 수 있는 능력. 친구들과 있을 때도 이런 얘기를 자주 풀다 보니 나는 잡학다식한 애가 되어 있었다. 확실히 광고 일을 시작하고 내 세계가 넓어졌다. 복잡한 사회 문제나 정치, 경제 뉴스에 문외

한이었던 나도 이제 어느 정도 보는 눈이 생겼다. 브랜드 하나하나를 이해하려다 보니 전체 시장을 이해하게 된 셈이다. 우리가 매일 상대하는 광고주들이 바로 그 시장의 흐름에 따라 돈을 움직이는 사람들이니 세상 돌아가는 일에 나도 귀기울일 수밖에.

물론 세상 보는 눈이 넓어졌다고 해서 모든 브랜드를 다 잘할 수 있다는 뜻은 아니다. 모든 캠페인에 만능인 사람은 없다. 개개인마다 특화된 분야가 있고 이는 각자의 성향, 나이, 성별에 따라서도 달라진다.

난 본래 숫자에 취약하다. 그래서 금융이나 보험 관련 프로젝트가 들어온다는 소문이 들리기라도 하면 지레 겁부터 먹는다. (두 번째 인턴 회사에서 처음 맡았던 금융 광고 때문인 것도 같다. 며칠간 숫자에 갇혀 스터디 하느라 쩔쩔맸었다.) 반면 낮은 연령대를 타깃으로 한 F&B나 소셜 캠페인에는 슬쩍 욕심이 난다. 저건 내가 잘할 수 있을 것 같은데. 늘 어려운 길만 고집하는 특이 취향이 아닌 이상, 자신에게 더 유리한 쪽으로 끌리는 건 자연스러운 본능 아닐까.

취업 준비의 기로에서 제일기획을 선택한 이유도 비슷한

마음에서였다. 대학교 1학년 때부터 나는 늘 '언젠가 한 번은 갤럭시 광고를 해보고 싶다'고 생각해왔다. (제일기획은 삼성의 종합 광고대행사다.) 스물여덟 인생에서 다른 회사의 폰은 한 번도 써본 적 없이 줄곧 삼성 휴대폰만 써왔기에 익숙한 브랜드를 향한 강한 끌림이 있었다. 오래도록 써온 이 제품의 장점을 더 널리 알리고 싶었고, 남들에게 더 멋진 모습으로 보여주고 싶은 팬심도 쌓여왔다. 내가 좋아하는 제품의 광고라니 누구보다 잘할 수 있을 것 같았다.

입사 후 반 년쯤 지나 처음으로 갤럭시 광고가 들어왔을 때, 나는 설렘으로 밤을 지새울 만큼 진심을 다했다. 프로젝트는 기대했던 만큼 재미있었다. 갤럭시의 인터페이스 소프트웨어의 새로운 버전 업데이트를 공개하는 캠페인이었는데, 내가 매일 마주하는 휴대폰의 새로운 UI를 남들보다 먼저 보고 또 그걸 세상에 내보내는 광고를 만든다니! 무엇보다도 광고주들 역시 자기 브랜드에 대한 깊은 애정을 가지고 있었기에 나도 그에 부응하고자 더 애를 썼다. 나도 그들 못지않게 이 휴대폰을 잘 알고 애정한다는 걸 보여주고 싶었고, 그래서 더 집요하게 디테일을 파고들었다.

물론 모든 과정이 순탄하기만 했던 건 아니다. 촬영을 위해 먼 해외까지 날아갔지만, 경유 비행기가 결항돼 난생처음 경비행기를 타보기도 했고, 마지막 편집 단계에서 모종의 이유로 콘티가 통째로 뒤바뀌며 촬영본을 날릴 뻔한 위기를 맞는 등 여러 내부적인 어려움과 갈등도 있었지만, 그럼에도 갤럭시는 내게 여전히 애정의 대상이다. 최근에도 새로운 갤럭시 기종으로 휴대폰을 교체했고, 특별한 일이 없는 한 앞으로도 이 팬심은 쭈욱 이어질 것 같다.

이렇듯 운 좋게 팬심 가득한 광고를 하게 되는 경우도 있지만, 반면 생전 관심 없던 브랜드를 맡게 될 때도 있다. 인턴으로 근무한 두 번째 회사에서 어느 차량 브랜드의 연간 캠페인을 담당하는 팀에 합류했다. 허겁지겁 차에 대해 공부하기 시작했지만 그때 나는 세단과 SUV의 차이조차 모르는 대학생이었다.

하지만 캠페인을 함께하면서 촬영장 모니터에 담긴 그 멋진 차들에 점점 빠져들었다. 감각적인 헤드라이트 디자인과 세련된 색감, 이를 더 멋지게 담아내기 위해 2m 높이의 리프트에 올라타던 CD님의 눈빛에서 프로다운 책임감이 느껴졌다. 책임감에서 비롯된 그 자부심은 전염되듯 나에게까지 전해졌다. 이후로 그 브랜드의 차는 나의 드림카가 되었다. 촬영장에서 멀찌감치 바라보며 '나중에 돈 많이 벌어서 꼭 사야지' 했던 다짐을 꼭 실현할 수 있기를 바라면서.

프로젝트가 끝난 후 남는 감정은 제각각이다. 어떤 브랜드에는 애정이 더 깊어지고, 어떤 경우에는 안타깝지만 거리감이 생기기도 한다. 그 차이를 만드는 건 함께한 사람들이다. OT부터 온에어까지 몇 개월간 밀도 높은 시간을 함께하며 우리는 하나의 브랜드를 온몸으로 겪는다. 그 시간 속에서 크고 작은 해프닝이 차곡차곡 쌓이기 마련이다. 광고주의 태도, 피드백 방식, 회의와 촬영장 분위기 등 이 모든 것들이 쌓여 브랜드에 대한 인상으로 남는다.

예전에 모 브랜드의 광고주가 아이디어 제안 PT를 듣고 이런 말을 한 적이 있다.

"지금 시점에서 정말 필요한 인사이트를 짚어주셨네요. 저희보다 더 깊게 고민해주셔서 감사합니다."

고개를 숙이며 정중히 감사 인사를 표하던 그 모습에, 제안서를 준비하느라 머리를 싸맸던 고뇌의 시간들이 모두 보상받는 기분이었다.

우리는 크리에이티브를 영상이나 사진 같은 유형의 결과물로 만들어내는 일을 하지만, 정작 가장 기억에 남는 건 눈에 보이지 않는 이런 순간들이다. 진심으로 서로에게 건네는 존중과 전심전력으로 임했던 태도. 그러니까, 결과보다 과정이 더 오래 남는다. 어떤 광고였는지보다 어떤 사람과 어떤 마음을 나누었는지가 기억 속에 더 깊이 각인된다. 아무리 영상이 멋지게 나왔더라도, 무슨 광고제에서 수상을 했더라도 말이다.

이 광고라는 게 결국은 사람의 일이기 때문일 것이다. 사람들끼리 조율하고 협의하며 함께 만들어가는 것, 그것이 전부다. 그래서 가끔은 생각한다. 몇 달 동안 하나의 캠페인을 함께하면서 우리가 만들어내는 건, 광고가 아니라 사람들과의 관계일지도 모른다고.

타협과 고집,
어차피 후회가 남는다면

여름을 치열하게 불태운 프로젝트의 온에어를 축하하는 회식 날이었다. 프로젝트 중 힘들고 아쉬웠던 일들을 털어놓으며 술 한잔을 곁들이는 자리에서, 한 AE 프로님이 알딸딸한 알코올의 기운을 빌려 허심탄회하게 말을 꺼냈다.

"제작팀 분들은 광고를 정말 애지중지 대하시는 것 같아요. 그렇게 고생해서 만들었으면 솔직히 꼴도 보기 싫을 법도 하잖아요. 그런데도 온에어 된 광고들까지 하나하나 다 애증으로 바라보는 게 신기하기도 하고 존경스럽기도 해요."

그러게 말이다. '애증'이라는 표현이 너무도 적절했다. 왜 우리에겐 이 징글징글한 광고들이 하나같이 다 자식 같은지,

문득 멈춰 생각하게 하는 말이었다. 제작팀은 결과만이 기억되는 세계에서 살아가기 때문 아닐까. 프로젝트의 길고 고된 과정은 뒤로 묻힌 채 오로지 완성된 결과만이 세상에 공개된다. 고작 15초짜리 짧은 영상이라 한들, 우리는 그 15초를 위해 존재하는 사람들이다. 그러니 별거 아닌 디테일 하나에도 펄쩍 뛸 수밖에. 거우거우 지켜낸 그림 한 컷, 카피 한 줄 안에 깃든 수십 번의 밤과 수천 개의 고민을 또렷이 기억하기에 도저히 그것들을 미워할 수만은 없다.

그러고 보면 같은 회사에서 같은 프로젝트를 함께하고 있지만, AE와 제작팀의 지향점은 엄연히 다른 것 같다. AE에게는 아무래도 성과가 우선일 수밖에 없는 반면, 우리는 크리에이티브로 승부를 봐야 하니까. 화성에서 온 AE와 금성에서 온 제작팀. 늘 동상이몽일 수밖에 없는 이 둘의 간극을 줄이는 게 프로다운 프로젝트의 시작인 것이다.

광고 회사에서 프로젝트가 속전속결로 평화롭게 끝났다는 일화는 한평생 들어본 적이 없다. 아이디어가 광고로 탄생하는 과정은 필연적으로 순탄하기 어렵다는 말이다. 예를 들어 A안과 B안을 제시했는데 광고주는 현실적인 이유로 A를 선호하지만, 제작팀은 B를 완전히 포기하기 어려운 상황이 종종 발생한다. 그럴 때 "B를 버리긴 아쉬우니 디벨롭 해서 다시 한번 밀어보시죠"라며 함께 고민해주는 AE가 있는가 하면, 반대로 안전하게 "A로 가시죠"라고 빨리 방향을 잡는 AE도 있다. 이미 광고주가 A를 택한 상황에서 B의 디벨롭은 사실상 무의미한 작업이 될 가능성이 크기 때문이다. AE와 제작팀 모두 시간만 버리는 헛수고가 될 바에는 아쉽더라도 깔끔하게 포기하자는 것이다.

그들의 고충을 십분 이해한다. 광고주와 직접 소통하는 AE는 우리 제작팀보다 광고주의 성향을 훨씬 더 잘 알고, 이후의 일정과 예산, 그 이상의 복잡한 요소들까지 조율해야 한다. 그런 입장에서 선택 가능성이 희박한 B에 굳이 시간과 에너지를 쏟는다는 건 비합리적일 수밖에 없을 것이다.

그렇지만 B에 대한 아쉬움이 남지 않게 한 번의 기회를 더 마련해줄 때 정말 고마운 것이 사실이다. 실낱같은 가능성을 그래도 포기하고 싶지 않은 마음을 알아주는 것 같기에. 공들인 아이디어가 버려질 상황에서 시무룩해진 제작팀에게 건네는 격려처럼 느껴지기도 한다.

사실 광고주가 해달라는 대로 해주면 편한 건 우리 제작팀도 마찬가지다. 원하는 대로 카피를 바꿔주고, 원하는 대로 그림을 만들어주면 우리도 마음고생은 하지 않아도 될 것이다. 그럼에도 불구하고 AE를 붙들고 "프로님, 광고주에게 한 번만 더 잘 말씀해주세요"라고 사정사정하며 포기하지 않는 이유는 단 하나다. 어찌 됐든 부끄럽지 않은 결과를 내보내고 싶으니까. 후회로 남을 결과물을 만들고 싶지 않기에 그렇게 악착같이 해보는 거다.

애초에 광고주 입장에서도, 그냥 시키는 대로만 찍어내는 출력기가 필요했던 거라면 대행사의 제작팀을 쓸 이유가 없을 것이다. 그들이 쓰는 돈에는 물리적으로 필요한 단순 제작비도 있지만, 더 좋은 결과를 위해 주인의식을 가지고 치열하게 고민해줄 인력비도 포함되어 있으니 말이다.

그러니 제작팀은 마지막까지 목소리를 낼 수밖에 없다. 지금까지 인상 깊게 본 캠페인들은 대부분 제작자들이 끝까지 고민하고 고집해서 세상에 나올 수 있었던 것들이었다. 아집일지도 모를 이 집착과 욕심이 더 나은 결과를 가져올 것이라고 스스로 믿는 수밖에.

어디까지 수용하고 또 어디까지 방어할지에 대한 판단은 복잡하고 난해하다. 이러한 고민은 연차를 불문하고 영원히 풀기 힘든 문제인가 보다.

"얘들아. 아까 AE들이 말한 거, 고집부리지 말고 그냥 해 주겠다고 할걸 그랬나?"

"너무 순순히 수정하겠다고 했나 봐. 그래도 한번 물어나 볼걸."

이렇게 미안함과 후회를 오가는 CD님들을 여럿 보았으니 말이다. 여럿을 귀찮고 수고스럽게 만들었다는 미안함이 들다가도, 끝까지 밀어붙이지 못했다는 아쉬움이 남기도 한다. 타협할 것이냐, 설득할 것이냐. 사람과 상황의 변수에 따라 신중히 판단해야 하는 이 난제는 늘 골치가 아프다. 그래도 연차가 좀 쌓이면 그 선택에서 실패하지 않을 확률이 조금은 높아지려나.

꼰대와 라떼

대학교 3학년 여름방학, 첫 인턴을 시작하기 직전 나는 본격
적인 사회생활을 앞두고 별의별 걱정이 많았다. 당장 출근할
때 옷은 어떻게 입어야 할지, 혹시라도 함께할 회식 자리에
서 지켜야 할 술자리 예절은 또 무엇인지 등. '신입사원 첫 출
근 전 필수 리스트'를 담은 유튜브와 블로그를 얼마나 찾아
봤는지 모른다.

하지만 이 모든 사소한 걱정들보다 더 두려웠던 건, 내 머
릿속 상상의 '꼰대'였다. 누구에게나 일차원적으로 떠오르는
바로 그 이미지, '꼰대 부장'을 실제로 만나게 될까 봐. 하얀
셔츠에 희끗희끗한 흰머리, 믹스커피를 달고 사는 그 전형적

인 모습이 내 불안 속에서 일렁거렸다. 〈SNL〉 같은 데서 그런 캐릭터가 괜히 나오는 건 아닐 텐데…. 답정너처럼 예스를 강요받거나, 매번 국밥이나 짜장면을 먹으며 쌍팔년도 개그에 억지로 웃어야 하는 건 아닌가 하는 걱정이 끊이질 않았다.

하지만 첫 사회생활은 의외로 평온했다. 특이한 사람은 있어도 나쁜 사람은 별로 없는 곳이랄까? 특히 내가 일하는 제작본부는 자유로움과 다양성이 기본 덕목인지라 애초에 '꼰대스러움'이 뿌리내리기 힘든 구조였다. 낡은 생각은 도태된다는 크리에이터의 자세가 기저에 깔려 있어서인지 꼰대 같은 태도는 지탄받는 분위기였다. 트렌드의 최전선에서 일하는 사람들이라 겉모습만으로는 나이나 연차를 쉽게 짐작하기도 어려웠다. 압도적인 동안 탓에 나와 비슷한 신입일 거라 짐작했다가 알고 보니 까마득한 선배라는 사실에 기겁했던 적이 한두 번이 아니다.

광고 회사 세 곳에서 일하는 동안 걱정했던 그런 꼰대를 만난 적은 단 한 번도 없다. 하지만 업계 특유의 '라떼' 문화는 존재한다. 고지식하고 강압적인 꼰대 이미지와는 또 다른,

이곳만의 웃프고도 독특한 라떼가. 내가 나름대로 분석해본 광고 회사의 라떼는 크게 두 가지로 나뉜다.

첫 번째는, 디지털과 숏폼이 시장을 장악하기 전, ATL* 중심이던 일명 '광고 전성기 시대'의 낭만을 회상하며 추억에 젖어 있는 선배들이다. 요즘 광고에는 진심이 없다며 '구관이 명관'을 입버릇처럼 외치는 부류라고도 할 수 있다. 하지만 나는 이런 유형은 크게 불편하지 않다. 지금이야 광고에 대한 피로감이 넘쳐 돈을 주고서라도 광고를 스킵하는 시대지만, 과거에는 광고 자체가 하나의 문화로서 인정받고 광고 크레이티브에 대한 사회적 위상도 높았으니까. 갈수록 자극적이고 피상적인 요즘의 디지털 광고들이 안타까운 건 나 또한 마찬가지라 그 시절 광고인으로서 느낀 자부심이 진심으로 부럽기도 하다. 과거 영광스러웠던 일화를 듣자면 그때를 경험해보지 못한 나조차 마음이 뭉클해지며 벅차오를 때가 있다. 요즘 광고를 싸잡아 폄하하지만 않는다면 이 유형의 라떼

---

* ATL(Above The Line): TV, 라디오, 신문, 옥외광고 등 대중매체를 활용한 브랜드 인지도 중심의 광고 방식.

는 전혀 문제가 없다.

내가 진짜 껄끄러운 건 두 번째 부류, 지금의 광고 회사 생활을 '물로 보는' 선배들이다. 여전히 광고 업계는 다른 사무직에 비해 야근 빈도가 높은 편이지만, 과거에는 훨씬 심각했다고 한다. 특히 주 52시간제가 생기기 전에는 주말에도 프로덕션 업체로 나가 편집본을 검토하며 날밤을 새고, 회사에서 삼시 세끼를 해결하며 라꾸라꾸에서 토막잠을 자는 게 일상이었다고 한다. 이 부류의 선배들은 그 시절의 고생담을 자랑스럽게 늘어놓는다. 문제는 그 비상식적인 업무 강도를 버텨낸 것을 일종의 훈장처럼 여기고, 그 잣대로 후배들을 평가하려는 데 있다. 고생한 그 시절의 추억을 떠올리는 선에서 그치면 좋을 텐데 꼭 이런 말을 덧붙인다.

"요즘 광고 회사는 광고 회사가 아니지. 참 많~이 편해졌어!"

심지어 야근을 당연시하면서 팀원들과 불화가 생기기도 한다. 이런 선배들의 눈에는 정시 퇴근과 자유로운 주말, 소위 '꿀 빠는' 모습이 못마땅한 모양이다. 물론 그 시절의 하드 트레이닝 덕분에 지금까지 이 고된 업계에서 살아남을 수 있었고, 그만큼 맷집이 생겼다는 것도 잘 알고 있다.

그러나 불과 4년 전 내가 했던 고민과 요즘 대학생들의 고민이 전혀 다르듯, 선배들이 신입이던 시절의 회사와 지금의 회사는 또 다르다. 시대는 바뀌고 있고 경험해보지 못한 것에 대해 쉽게 판단하고 단정 지을 자격은 누구에게도 없다. 그런 잣대라면 나 역시 요즘 대학생들이 상대적으로 훨씬 편해 보이는 게 사실이다. 내가 대학 졸업할 때만 해도 챗GPT는커녕 펜툴로 한 땀 한 땀 누끼를 따며 그야말로 노가다를 했다. 그런데 요즘엔 AI에 프롬프트 몇 줄만 입력하면 훨씬 완성도 높은 그림을 뚝딱 뽑아낼 수 있지 않나.

그렇다고 요즘 학생들이 그림에 대한 고민을 하지 않을까? AI에게 모든 걸 맡기고 야작(야간작업) 따윈 없이 설렁설렁 편하게 학교를 다니는가 하면 그건 또 전혀 아니다. 몇몇 후배들만 봐도 오히려 나 때보다 더 복잡하고 고차원적인 고민에 시달리며 어지러운 시대의 변화에 허우적거리고 있다. 이런 모습을 보고 있으면 자연히 그런 생각이 든다. 지금 내가 대학 4학년이라면 졸업 심사를 통과하지 못했을지도 모르겠다고.

'기술의 발전과 사람들의 행복 수준은 비례하지 않는다'고 했던 《사피엔스》가 생각난다. 세상은 분명 나아지고 있지만 사람들이 하는 고민의 총량은 줄어들지 않는가 보다. 갈수록 높아지는 주니어 퇴사율과 이직률이 그 수많은 고민을 대변하는 것 같다. 'AI로 인해 사라질 직업 리스트'가 매달 바뀌는 이 불확실한 시대에, 내 자리도 위협받고 있는 건 아닌가 하는 두려움이 갈수록 커진다. 이 악물고 버텨낸 시간들이 무의미해질까 불안해하며 손톱만 물어뜯고 있을 바에는, 차라리 뭐라도 해보려고 퇴사를 하고 이직을 한다. 일을 가볍게 여겨서가 아니라 그만큼 더 절박하기 때문에. 이직이 잦다고 해서 그 이유를 단순히 끈기 부족이라고 쉽게 단정 지을 순 없다는 말이다.

'AI가 신입 다섯 명보다 낫다'는 요즘, 신입 채용을 꺼리는 기업들이 급격히 늘고 있다. 경력자 위주의 채용 시장에서 신입은 대체 어디서 경력을 쌓느냐는 말이 더 이상 개인의 푸념이 아닌 사회적 문제로 대두되고 있다. 이런 상황에서 라떼의 고생담은 배부른 소리로 들릴 정도다. 이렇듯 각자 처한 조건이 다른데 어느 세대가 더 힘든지 비교하고 평가하는 게 무슨 의미가 있을까. 그러니 다른 세대의 고민과 고충을 쉽게 폄하하지는 않았으면 좋겠다.

'라떼'에만 매몰되다 보면 나도 모르게 누군가의 '꼰대'가 되어 있을지 모른다. 어떤 세대든 나름의 방식으로 버티고 애쓰며 살아간다. 그게 평생직장의 시대든, 이직이 일상인 시대든 말이다. 우리에게 정말로 필요한 건, 서로의 시간을 가볍게 재단하지 않는 마음일 것이다.

회사 사람들과의
적당한 거리

최근 몇 년 새 경조사에 참석할 일이 부쩍 늘었다. 입사 전에는 기껏해야 친척 결혼식이나 장례식이 전부였는데, 이제는 가족보다 동료나 지인 경조사에 갈 일이 훨씬 더 많아졌다. 1년에 서너 번이나 입었을까 싶은 경조사용 원피스나 어두운 블라우스를 요즘 심심찮게 꺼내 입는다. 내가 직장인이 되었기 때문인지 아니면 그냥 그럴 만한 나이가 됐기 때문인지는 잘 모르겠으나, 분명한 건 이제 나도 누군가의 하객 명단에 오를 때가 됐다는 사실이다.

그럼에도 경조사는 여전히 너무 어색하고 어렵다. 성인이 된 지도 벌써 8년이 지났고 어엿한 직장인까지 되었지만, 도

대체 언제쯤 어른스럽게 척척 해낼 수 있을지 모르겠다. 아직도 장례식에 가기 전 '조문 예절' 영상을 다시 찾아보고, 봉투에 이름을 적을 때 왼쪽인지 오른쪽인지 헷갈려 검색을 해봐야만 마음이 놓인다.

그중에서도 축의금은 특히 더 머리가 아프다. 연차, 직급, 친분 등 조건이 다 제각각인데, 축하의 정도를 5의 배수 액수로 정하는 일이 정말 어렵다. 이 선배와 나의 친밀도는 5와 10의 중간 어디쯤인데…. 차라리 직원 간 축의금 기준을 회사에서 정해주면 좋겠다고 생각한 적도 있다. 매번 선배들에게 적정 금액대를 물어보고, 눈치껏 다른 하객들을 떠보며 평균값을 도출해내기란 여간 골치 아픈 일이 아니기 때문이다.

그렇게 정형화된 액수가 오가서일까. 회사 사람들의 경조사 자리는 뭔가 낯간지럽고 껄끄러울 것만 같았다. 물론 장례식 조문은 당연한 예의라고 생각했지만, 결혼식은 그저 형식적인 축하 자리일 것 같아 발걸음이 망설여졌다. 게다가 주말에도 회사 사람들을 만나면 마치 주말 근무를 하는 듯한 기분이 들 것 같아 미리 억울한 마음까지 들었다.

하지만 그건 완전히 내 선입견일 뿐이었다. 막상 식장에 가 보니 막연한 거리감이 순식간에 허물어졌다. 회사 사람의 결혼식은 뭔가 또 다른, 묘하고 특별한 매력이 있었다. 일단 예식장 입구에 들어서는 순간부터 기분이 이상하다. 내가 평소 알던 '프로님' 같은 직함이 아닌 누군가의 아들, 딸, 그리고 신랑, 신부라는 호칭으로 불리는 모습이 영 낯설기만 하다. 청첩장으로 미리 보긴 했지만, 각 잡고 찍은 동료의 웨딩 사진도 뭔가 묘하다. 여기가 내가 올 곳이 맞나 싶어 입구에서 쭈뼛거리다가도, 먼저 도착한 동료들을 보면 그제야 마음이 놓인다. 회사 밖에서 마주치면 당혹스러움에 도망치기 바빴던 얼굴들이, 그날 그 장소에서만큼은 그렇게 반가울 수가 없다.

그렇게 모여 하나의 테이블에 앉아 있으면 이상하게 간지러운 결속감 같은 게 든다. 홀을 가득 채운 수많은 하객들 사이에서, 직장 동료라는 이름으로 한데 모인 서로에게 왠지 모를 애틋함마저 든다. 식이 시작되기 전, 오늘의 주인공에 대한 이런저런 에피소드를 동료들과 나누는 것도 쏠쏠한 재미다. 여기서 한 가지 흥미로운 점은, 광고 회사 사람들은 꼭

티가 난다는 거다. 다들 개성 넘치는 모습이다 보니 "누가 봐도 광고 회사 사람들이 모여 있는 것 같다"는 말을 듣기도 했다.

회사에선 늘 꾀죄죄한 모습으로 마주했던 동료가 한껏 꾸민 모습으로 버진로드를 걷고 있는 모습을 보면, 괜히 어색해서 서로 눈을 마주치며 웃음을 참게 된다. 평소 퀭한 얼굴로 하루하루를 버텨내던 사람들이 그 화사한 결혼식장 안에서만큼은 모두 기꺼이 축복을 빌어주는 모습이 참 예뻐 보인다. '예쁘다'는 표현이 고작 애송이 사원 입에서 나온다는 게 우습고 주제넘어 보일지도 모르겠지만, 그 광경이 그렇게 뭉클할 수가 없었다. 주 5일을 같은 공간에서 지겹도록 보는 얼굴들이지만, 각자의 소중한 주말을 쪼개 먼 길을 달려와 한곳에 모였다는 사실만으로도 회사 사람의 결혼식은 뭔가 애틋한 동지애가 느껴진다. 더불어 그간 알지 못했던 또 다른 면모, 인간적인 모습을 발견하게 되기도 한다.

'똑 부러지고 웃음 많던 선배의 모습은 어머니를 닮은 거였구나.'

'주변 사람들한테 1도 관심 없는 프로님인 줄 알았는데, 저

렇게 웃으면서 축하의 환호성도 지를 줄 아는 분이었네.'

회사 사람들의 또 다른 모습에 새삼 놀라는 날 보며, 한 가지 반성한 게 있다. 어쩌면 나는 지금껏 회사 사람들 한 명 한 명을 일종의 NPC처럼 생각하고 있었는지도 모르겠다. 나에게도 가족이 있고 사랑하는 사람들이 있듯, 나의 동료들도 인간미 넘치는 '사람'이라는 걸 왜 잊고 있었을까? 회사에서 깐깐하고 매정한 선배라고 해서, 회사 밖 모습도 당연히 그럴 것이라고 멋대로 오해하고 있었다. 사실 친한 동기 몇 명 빼고는, 그들의 회사 밖 모습을 궁금해해본 적이 없었다. 왠지 모르게 꺼려졌던 회사 사람의 결혼식이라는 자리 덕분에, 지금껏 회사라는 틀 안에 가둬두었던 동료들의 진짜 얼굴을 비로소 발견하게 되었다.

'회사 사람들과는 비즈니스 관계일 뿐이지.'

'괜히 인간적으로 엮여서 좋을 거 하나 없다.'

이런 말들을 숱하게 들어왔다. 함께 일하기 위해 모인 동료들과 굳이 개인적인 감정까지 나눌 필요는 없다고. 하지만 서로 같은 마음으로 기뻐하고 축하하며 또 위로하는 모습을 본 이상, 사람 대 사람으로 자연스럽게 주고받는 그 마음을 어떻게 억지로 거둬야 할지 잘 모르겠다. 유독 인간적인 면에 약한 나에게는 그건 더더욱 불가능에 가까운 일이다.

반려자와 함께 환하게 웃는 동료의 모습을 보고, 그의 가족들과 한 번이라도 인사를 나누고 나면 이전처럼 사무적인 마음만으로 대하기는 어려워진다. 회사에서 보는 동료의 드라이한 모습은, 사실 그의 다양한 모습 중 일부에 불과하다는 걸 깨닫게 되면 어느새 더 정이 가고 친밀감이 드는 게 사실이다. 서로에 대해 알게 된 것들이 많아진 만큼, 나눌 수 있는 얘기도 훨씬 풍성해지고 동료애도 더 깊어진다.

그래서 요즘엔 회사에서 초대받은 결혼식에 가능하면 모두 참석하려고 한다. 단순히 축의금만 전하는 것과, 직접 그 자리에 함께하는 건 전혀 다르다는 걸 이제는 알기 때문이다.

다만 민망하게도, 주변을 둘러보면 나만큼 이렇게 촌스럽게 경조사에 의미를 두는 사람이 잘 없는 것 같다. 수줍게 받은 예쁜 청첩장을 한참 동안 가만히 감상하는 것도, 결혼식장에서 눈물을 흘리지 않으려고 애써 참고 있는 것도 나뿐인 것 같아 민망하다. 왠지 어른스럽지 않은 모습인 것 같아 숨기고 싶기도 하다.

회사 PC 한편에는 전사 직원들의 결혼과 부고 소식이 뜨는 경조사 칸이 있다. 오늘도 그곳에는 한두 명의 이름과 함께, 축하하거나 위로해야 할 소식이 올라온다. 함께 울고 웃을 일이 끊이지 않는 곳. '사람'이 함께 모여 일하는 곳. 그곳이 바로 회사인가 보다.

그 순간을 위해
우리는 광고를 만든다

"프로님들~ 드디어 저희 캠페인이 온에어 되었습니다! 그동안 너무 고생 많으셨어요 ㅜㅜ"

AE의 감격스러운 회고 멘트와 함께, 여러 SNS 채널 링크가 단톡방에 올라왔다. 지난 봄을 다 바친 또 하나의 캠페인이 드디어 세상에 공개되는 순간이었다. 끝나긴 할까 싶던 까마득한 아이디어가 어엿한 영상이 되어 인스타그램과 유튜브에 올라온 걸 보니 비로소 실감이 난다. '온에어'라는 단어 하나에 설렘, 긴장, 애틋함 같은 복합적인 감정들이 한꺼번에 밀려든다.

이상하게도 캠페인이 온에어 될 때마다 늘 이번이 가장 험

난했던 것같이 느껴진다. 이번 캠페인도 역대급 역경의 연속이었다. 아직 개발도 채 끝나지 않은 새로운 기능을 강조해야 한다는 어려운 과제부터, 평범한 제안 건이 갑자기 경쟁 PT가 되는 날벼락까지 겹쳤다. 그렇게 겨우 PT를 따왔더니 멀리 해외까지 날아가 에너지 드링크로 버텨야 했던 밤샘 촬영까지. 출장과 야근, 주말 근무를 밥 먹듯 한 덕분에 벚꽃놀이 한번 제대로 즐기지 못하고 봄을 보냈지만 그래도 아쉬움은 없다. 수없이 무산될 뻔한 순간들을 지나 이렇게 무사히 세상에 태어나준 것만으로도 그저 고마울 따름이다.

2월에 시작했던 첫 아이디어 덱과 5월에 온에어 된 최종 영상을 나란히 두고 보니 감회가 새롭다. 프로젝트 초반엔 늘 최고로 근사한 비주얼을 만들자는 욕심으로 시작하지만, 이후 쏟아지는 광고주의 피드백과 턱없이 부족한 시간에 시달리다 보면 어느새 그냥 무탈히 출고만 되길 바라게 된다. 결과물이 크든 작든 그저 세상에 나와 주었음에 안도하게 되는 것이다.

그러니 어쩌면 광고는 '만든다'기보다 '낳는' 행위에 더 가까울지 모르겠다. 이미지 몇 장과 카피 몇 줄에서 시작된 아이디어가 하나의 캠페인으로 성장하기까지 그 과정에 담긴 수많은 고민은 결코 가볍지 않다. 단순히 '만들었다'는 말로는 어딘가 부족하달까. 이 모든 여정을 담아내기엔 '낳았다'는 표현이 훨씬 더 어울린다.

그렇게 어렵게 탄생한 광고들이지만 모두가 완벽할 수는 없다. 오히려 그 반대에 가깝다. 내 손을 거쳐간 광고 중 어느 것 하나 완전히 만족스러운 건 없었다. 열 손가락 깨물어 안 아픈 손가락 없듯 모두에게 크고 작은 후회 한두 개씩은 남는다. 분명 온에어 직전까지 무한 수정을 거듭했음에도 더 최선을 다하지 못했다는 아쉬움이 늘 남는다.

아쉽게 탈락한 썸네일 B안. 좀 더 쫀득했던 편집본 C 버전. 리듬감 있는 최종 BGM과는 또 다른 매력이었던 긴장감 넘치는 BGM 얼터* 등. 세상에 나오지 못한 수많은 안들에 아쉬움이 남는다. 안타깝게도 이들은 외장 하드 깊숙한 곳에 영원히 묻힐 운명이지만, 그 안에 담긴 고민과 시도들을 기억하며 훗날 다른 프로젝트에서 다시 만날 날이 오길 기약해본다.

• 얼터(alter): 선택지를 넓히기 위해 다양하게 준비하는 대체 옵션.

광고는 온에어라는 마침표가 찍히는 순간 내 손을 완전히 떠난다. 더 이상 무를 수가 없기에 미련 가득한 아쉬운 마음은 꾹 눌러두고 최대한 담담하게 링크들을 하나씩 확인한다. 제발 좋은 반응들이 가득하길, '싫어요'와 악플이 별로 없길 기도하면서.

요즘 누가 광고에 그렇게 관심을 가지나 싶을지도 모르겠지만, 하나의 광고가 공개되면 의외로 다양한 반응이 쏟아진다. 특히 유명 연예인이 등장하는 경우, 팬들이 우르르 몰려오기 때문에 실시간 댓글과 '좋아요'가 몇 초마다 업데이트된다.

'○○○을 모델로 쓰다니 뭘 좀 아는 광고 맛집!'

'마케팅 담당자님, 우리 오빠 잘생기게 담아주셔서 감사합니다.'

이런 귀여운 반응을 보면 하나하나 '좋아요'를 눌러주고 대댓글도 달고 싶지만, 괜히 댓글 알바라는 오해를 받을지도 모르니 애써 참아본다. 모델의 기존 이미지에서 어떻게 조금이라도 변화를 줄 수 있을지, 이 브랜드와의 시너지를 어떻게 끌어낼 수 있을지, 그리고 팬들이 좋아할 포인트는 무엇인지 고민하며 수백 장의 사진과 영상을 스터디 했던 시간을 보상받는 기분이 들기도 한다.

반면 콘텐츠 자체보다 브랜드나 제품에 대한 불만이 댓글로 터져 나올 때도 있다.

'여긴 광고도 별로네. 내가 만들어도 이거보단 나을 듯.'

'마케팅 비용이 아깝다. 이런 거 만들 시간에 품질이나 개선해라!'

브랜드를 향한 비난이 광고로까지 번져 오기도 한다. 이럴 땐 힘이 빠지고 너무 속상한 게 사실이다. 하지만 깊게 생각해보면, 누구나 인정할 만한 멋진 크리에이티브로 그들을 설득하지 못한 책임은 결국 우리에게 있다. 그러니 악플 하나하나에 변명을 대며 발끈하는 대신, 부족함을 인정하는 편이 정신건강에 이롭다. 사사건건 일희일비하지 않고 무던히 넘길 줄 아는 어른이 되고 싶은데. 태초부터 귀가 얇은 나에겐 여간 어려운 일이 아니다.

모델이나 브랜드에 대한 피드백에서 벗어나 광고 자체로 평가받을 수 있는 곳이 딱 하나 있는데, 바로 TVCF라는 사이트다. 이곳엔 '싫어요'부터 누르고 시작하는 안티팬도, 최소한의 조회수와 '좋아요'를 책임지는 극성팬도 없다. 오로지 광고와 광고인만이 평가의 대상이 될 뿐이다. 국내 모든 광고인들의 포트폴리오나 다름없는 이곳에선 해당 광고에 참여한 제작자 전원의 크레딧을 볼 수 있다. 대행사의 AE와 제작팀은 물론, 감독과 조감독 등 후반 프로덕션 협력 업체까지 모두의 이름 석 자가 등록되어 있기에 다 같이 공평하고 냉정하게 평가받는다.

'사용된 BGM이 영상과 잘 어울린다' '색감은 예쁘지만 편집이 다소 지루하다' 같은 영상미에 관한 평가부터 '브랜드 이름을 활용한 말장난 카피가 기억에 잘 남는다' '키비주얼에 제품이 잘 드러나지 않는 게 아쉽다' 같은 핵심 아이디어에 대한 세세한 평가도 적나라하게 올라와 있다.

TVCF라는 플랫폼을 이용하는 이들은 대부분 광고업계 종사자거나 혹은 관련 분야에 속한 평가단이다. 즉, 이곳의 댓글은 단순 호불호 리액션이 아닌 업계 동료들의 냉철한 심사평에 가깝다. 그렇기에 유튜브 같은 소셜 채널보다 배로 무거운 긴장감이 들 수밖에 없다. SNS의 맥락 없는 악플보다 이곳의 날카로운 지적과 비평이 더 뼈아프게 다가온다.

생생한 날것의 반응을 들을 수 있는 현장도 있는데 그곳은 바로 영화관이다. 영화 상영 전, 광고가 흐르는 시간. 팝콘을 먹으며 도란도란 얘기를 나누는 사람들의 입에서 리얼 감상평이 흘러나온다. 텍스트와 별점으로 정제되지 않은, 직관적이고 솔직한 피드백. 돈 주고도 못 살 귀중한 반응들이다. 나는 그 이야기들을 듣기 위해 애써 안 듣는 척 어색하게 딴청을 부리며 귀를 쫑긋 세운다. 잠복수사 중인 경찰이 이런 기분이려나.

애초에 영화관이라는 공간 자체가 즐거운 시간을 보내러 오는 곳이라 그런지 부정적인 반응은 거의 없는 편이다. 게다가 요즘엔 "이 영화 보고 난 뒤엔 ○○ 커피 어때요?" 같은 유쾌한 맞춤형 광고도 많아 대부분 지루해하기보다 일종의 숏폼 콘텐츠처럼 즐기곤 한다. 그렇게 광고를 보며 웃는 사람들을 보면 여유롭고 관대한 마음이 콘텐츠를 즐기는 가장 좋은 준비물이라는 생각이 든다.

우리 팀은 주로 해외에 송출되는 글로벌 콘텐츠를 만들기 때문에 국내 영화관에서 우리 광고를 볼 일이 거의 없다. 간혹 친한 지인이 만든 광고가 스크린에 나오면, 최대한 청각을 곤두세워 엿들은 내용을 얼른 전해주고는 한다.

'나 지금 영화 보러 왔는데, 옆자리 사람들이 너네 광고 멋지다고 감탄하는 중ㅋㅋ'

백이면 백, 그 따끈따끈한 현장 반응에 엄청나게 뿌듯해한다. 나 또한 그 마음을 너무 잘 알기에 사람들의 반응을 놓치지 않고 받아 적는다. 냉소적인 평가에 지친 광고인들에겐 이런 순간들이 소소한 낙이 되고, 또 다음 광고를 만들 힘이 된다. 광고 역시 누군가 봐주어야 그 의미를 갖기 때문에. 이렇게 피부에 와닿는 사소한 행복의 순간들이 그 어떤 것보다 큰 힘이 되어준다.

돈 주고 광고를 만들고, 또 돈 주고 안 보는 시대에 광고를 만드는 일이란 어떤 의미인지 곱씹게 될 때가 있다. 5초 만에 스킵되는 광고 뒤에 누군가의 한 계절이 있다는 것. 작은 댓글 하나에도 온 마음을 졸이는 사람이 있다는 걸 알아준다면, 그것만으로도 우리는 다음 광고를 만들 힘을 얻기에 충분하다.

메모장 속 일기에서 한 권의 책으로

'쪽팔림의 역사'를 글로 써내자 다짐했던 날이 떠오른다. 2021년 여름, 첫 인턴 출근 전날이었다. 학교 선배를 만난 나는 이제 어떡하냐고 한없이 징징거렸다. 막막함과 두려움에 떨던 내게 선배는 덤덤하게 담배를 태우며 딱 한마디를 남겼다.

"처음의 경험과 감정들을 잘 기억해. 기록하면 더 좋고."
그렇게 쓰기 시작했다. 그 말 하나에 기대어 메모장에 그날의 점심 메뉴까지 끄적거리던 하찮은 일기 몇 줄이 이렇게 불어났다. 내 노트와 메모장에만 있던 문장들이 책의 활자가 되다니. 사실 지금까지도 실감이 잘 나지 않는다.

쪽팔림의 연속인 신입사원의 일상은 마르지 않는 샘물 같아서, 매일 흘러넘치는 소재들 덕분에 몇 년을 쓰다 보니 분량이 제법 묵직해졌다. 어쩌면 이게 책이 될 수도 있지 않을까? 광고 회사를 다니며 책을 낸 선배들을 여럿 봐온 덕분인지 겁도 없이 덤벼볼 용기가 생겼다. 물론 그 훌륭한 선배들과 다르게 나는 경력도, 인맥도, 그렇다 할 필력도, 쥐뿔도 없음에도 불구하고 '언젠가는 책을 한번 내보고 싶다'는 막연한 버킷리스트가 어느새 구체적인 목표가 되었다.

투고에 관련된 책과 블로그 후기들을 열심히 정독하며 준비한 샘플 원고와 기획서를 스무 곳 남짓한 출판사들에 투고했다. '몇 주간의 검토 기간을 거친 후 회신을 줄 수도 있고 아닐 수도 있다'는 대부분의 뻔한 회신와 달리, 메일을 보낸 지 채 2시간도 지나지 않아 전체 원고를 보고 싶다는 파격적인 회신 하나가 돌아왔다.

떨리는 마음으로 전체 원고를 보내자 '지금 상태로는 대대적인 수정이 필요하며, 그 이후 완성된 퀄리티를 토대로 출간 계약 여부를 판단해볼 수 있을 것 같다'는 대답이 왔다. 100% 긍정은 아니지만, 편집자로서 너무 수고스러운 일임에도 불구하고 원석을 닦아보고 싶다는 그 제안에 손이 덜덜 떨렸다. 투고 원고의 절반 이상을 갈아엎게 될 수도 있다는 말은 내게 오히려 설렘으로 다가왔다. 지금 상태로는 부족한 것 같다고 어렴풋이 느끼던 내 갈증을 정확하게 저격당한 기분이었기 때문이다. 사실 '그동안 수많은 투고를 받아왔지만, 이렇게 연락을 하는 건 처음'이라는 메일의 마지막 문장에서 내 마음은 이미 결정을 끝냈던 것 같다.

1년 조금 안 되는 기간 동안 목차 리스트업부터 원고 한 꼭지, 한 꼭지를 완전히 새로 썼다. 혼자서 냅다 쓰고 싶은 글을 쓰는 것과 독자를 고려하며 편집자와 함께 글을 쓰는 건 너무도 다른 일이었다. 스케치하듯 러프하게만 써봤던 글들을 생생하게, 그렇지만 또 지켜야 할 선을 지켜가며 묘사하는 게 처음이라 어렵기도 했을뿐더러, 회사의 살인적인 스케줄과 원고 집필이 겹칠 때면 체력적으로도 힘들었다.

하지만 그만두고 싶은 적은 정말 단 한 번도 없었다. 때로는 편집자님의 과분한 칭찬에 울고 웃으며, 모든 시간 진심을 쏟았다. 검증된 것 하나 없이, 가진 건 원고 하나뿐인 초보 작가와의 계약이라는 결코 쉽지 않은 결정을 내려준 편집자님을 생각해서라도 도저히 대충 할 수 없었다. 그 많은 글을 하나하나 뜯어보고 피드백하며 시간과 노력을 쓰는 것이 결코 가성비가 좋지 않은 수고로움이었을 텐데 말이다.

본격적인 계약을 앞두고, 두 권의 출간 경험이 있는 노련한 회사 선배에게 조언을 구할 겸 이런저런 얘기를 나눈 적이 있다. 투고부터 원고 수정까지의 과정을 솔직하게 털어놓자, 편집자가 그렇게 모든 원고를 일일이 봐주는 건 정말 쉽지 않은 일이라며 놀라던 선배 덕분에 내가 정말 운 좋게도 감사한 편집자를 만났다는 생각이 또 한번 들었다. 어떤 말로도 표현하기 힘든 이 벅찬 감사의 마음을 마지막으로 전하고 싶다.

마냥 설레고 호기롭기만 했던 마음이, 막상 정식으로 출간 계약서를 쓰고 나니 덜컥 겁이 나기도 했다. 쪽팔림으로 가득한 이야기들이 이제 돌이킬 수 없이 책이라는 실체로 박제된다는 사실이 그제야 피부로 와닿았다. 하지만 나에겐 '신입사원한테 뭘 어디까지 바래'라는 회피법이 있다고 생각하니 그 무게가 조금은 덜어지는 것 같다. 생각해보니 막상 10년 차, 20년 차가 된다 한들 자신의 첫 책을 세상에 내보이는 일 앞에서는 딱히 초연해질 것 같지 않다. 그냥 조금 더 나이 먹은 상태로 변함없이 덜덜 떨고 있을 테니, 부질없는 두려움은 이만 거둬본다.

누군가의 용기 있는 고백에서 내가 위로 받았듯, 이 책을 읽은 독자들이 '이런 시행착오도 쓸모가 있구나'라는 소소한 위로를 받아가기를 진심을 담아 기도한다. 그럼 나는 이제 4년 차의 고충과 쪽팔림을 맞이하러 출근해야 하므로, 이만 긴 글을 마친다.

쪽팔린 만큼 성장한다

1판 1쇄 인쇄   2026년 3월 10일
1판 1쇄 발행   2026년 3월 20일

저자   도혜린
발행인   남연정
디자이너   상록

발행처   퍼스널에디터
출판등록   2024년 7월 3일 제395-2024-000144호
이메일   personal_editor@naver.com
인스타그램   personal.editor.book
ISBN   979-11-993129-6-8 (03190)